Gynakologie und Geburtshilfe Frankfurt 2002

Gynäkologie und Geburtshilfe
Gynecology and Obstetrics

Band 2

sympomed München

Kongress »Gynäkologie und Geburtshilfe Frankfurt 2002«, Frankfurt/M., 22.–23.02.2002

Gynäkologie und Geburtshilfe Frankfurt 2002

Herausgeber:
M. Kaufmann, A. Ahr

7 Abbildungen und 11 Tabellen, 2002

sympomed München

Gynäkologie und Geburtshilfe
Gynecology and Obstetrics

Band 2

Die Deutsche Bibliothek – CIP-Einheitsaufnahme
Gynäkologie und Geburtshilfe : Frankfurt 2002 / Kongress »Gynäkologie und Geburtshilfe Frankfurt 2002«, Frankfurt/M., 22.–23.02.2002, Hrsg.: M. Kaufmann ; A. Ahr. – München [i.e. Taufkirchen] : Sympomed, 2002
(Gynäkologie und Geburtshilfe ; Bd. 2)
(Sympomed-Hardcover)
ISBN 3-927759-27-9

Medikamente und Dosierungsangaben

Herausgeber und Autoren haben alles Notwendige unternommen, um sicherzustellen, dass Medikamente und deren Dosierungen, soweit in dieser Publikation erwähnt, den gegebenen Vorschriften sowie der Praxis entsprechen. Trotzdem muss der Leser vor Gebrauch eines Medikamentes den Beipackzettel sorgfältig durchlesen, um mögliche Änderungen hinsichtlich Indikation, Dosierung und Nebenwirkungen nicht zu übersehen.

Geschützte Warennamen (Warenzeichen)

Geschützte Warennamen (Warenzeichen) sind, sofern in diesem Buch erwähnt, nicht unbedingt als solche kenntlich gemacht. Dies bedeutet aber nicht, dass diese Namen ohne weiteres von jedem benützt werden dürfen. Vielmehr bleiben solche Namen in jedem Falle gesetzlich geschützt.

S. H. Bezold, Hohenbrunner Weg 150, D-82024 Taufkirchen/München
Printed in Germany by Druckerei Sommer, D-91555 Feuchtwangen
ISBN 3-927759-27-9

Inhalt

Gynäkologie und Geburtshilfe 2002

Prä- und Perinatalmedizin

Onkologie II

Gynäkologie II

Onkologie III

Autorenverzeichnis

Ahr A., PD Dr. med., MIAC
Universitäts-Frauenklinik
Theodor-Stern-Kai 7
60590 Frankfurt/M.

Beckmann M. W., Prof. Dr. med.
Universitäts-Frauenklinik
Universitätsstraße 21–23
91054 Erlangen

Blohmer J.-U., PD Dr. med.
Universitäts-Frauenklinik
Charité, Campus Virchow-Klinikum
Augustenburger Platz 1
13353 Berlin

Bremerich D. H., Frau PD Dr. med.
Universitäts-Frauenklinik
Theodor-Stern-Kai 7
60590 Frankfurt/M.

Costa S.D., PD Dr. Dr. h. c.
Universitäts-Frauenklinik
Theodor-Stern-Kai 7
60590 Frankfurt/Main

Dietl J., Prof. Dr. med.
Universitäts-Frauenklinik
Josef-Schneider-Straße 4
97080 Würzburg

du Bois A., PD Dr. med.
Klinik für Gynäkologie & Gynäkologische Onkologie
Dr.-Horst-Schmidt-Kliniken
Ludwig-Erhard-Straße 100
65199 Wiesbaden

Felberbaum R., Prof. Dr. med.
Universitäts-Frauenklinik
Ratzeburger Allee 160
23538 Lübeck

Gätje R., PD Dr. med.
Universitäts-Frauenklinik
Theodor-Stern-Kai 7
60590 Frankfurt/M.

Hentschel J., Frau Dr. med.
Universitäts-Frauenklinik
Schanzeneckstraße 1
CH-3012 Bern

Kaufmann M., Prof. Dr. med.
Universitäts-Frauenklinik
Theodor-Stern-Kai 7
60590 Frankfurt/M.

Kiesel L., Prof. Dr. med.
Universitäts-Frauenklinik
Albert-Schweitzer-Straße 33
48149 Münster

Kissler S., Dr. med.
Universitäts-Frauenklinik
Theodor-Stern-Kai 7
60590 Frankfurt/M.

Lommel-Bleymehl Rotraut, Dr.
Hessisches Sozialministerium
Abteilung Gesundheit
Dostojewskistraße 4
65187 Wiesbaden

Merz E., Prof. Dr. med.
Krankenhaus Nordwest
Zentrum für pränatale Medizin
Steinbacher Hohl 2–26
60488 Frankfurt/M.

von Minckwitz G., PD Dr. med.
Universitäts-Frauenklinik
Theodor-Stern-Kai 7
60590 Frankfurt/M.

Petersen E.E., Prof. Dr. med.
Universitäts-Frauenklinik
Sektion Gynäkologische Infektion
Hugstetter Straße 55
79106 Freiburg

Petri E., Prof. Dr. med.
Frauenklinik
Wismarsche Straße 397
19049 Schwerin

Rath W., Prof. Dr. med.
Medizin. Einrichtungen der RWTH
Pauwelsstraße 30
52074 Aachen

Römer Th., Prof. Dr. med.
Abt. für Gynäkologie und Geburtshilfe
Evang. Krankenhaus
Weyertal 76
50931 Köln

Schneider A., Prof. Dr. med.
Universitäts-Frauenklinik
Bachstraße 18
07740 Jena

Siebzehnrübl E., Prof. Dr. med.
Universitäts-Frauenklinik
Theodor-Stern-Kai 7
60590 Frankfurt/M.

Spätling L., Prof. Dr. med.
Klinikum Fulda
Pacelliallee
36039 Fulda

Stark M., MD
Head of Obstetrics and Gynaecology
Misgav Ladach General Hospital
27 King Hiskiya Str.
ISR-93190 Jerusalem

Strebhardt K., Prof. Dr. phil. nat.
Universitäts-Frauenklinik
Theodor-Stern-Kai 7
60590 Frankfurt/M.

Vorwort

Unser Gebiet Frauenheilkunde muss sich nach innen und v. a. auch mehr nach außen neu positionieren. Wir müssen uns auf unsere gemeinsamen Hauptgebiete »operative Gynäkologie, Geburtshilfe und Endokrinologie« konzentrieren. Abspaltungen gab es ja schon genügend! Klinische und theoretische Forschung bilden eine Einheit. Evaluierung von Leistung und Erfolg sind heute in der Forschung ebenso selbstverständlich wie in der Lehre und in der Qualitätssicherung unserer medizinischen Versorgung. Dies muss zunehmend auch in der täglichen Praxis geschehen.

Das Ziel unseres Kongresses ist es, Sie über Neues und Bewährtes zu informieren, wo es z.B. auch um die Erhaltung des bereits erreichten Standards geht. Ganz offensichtlich zeigt sich dieses Problem bei der Anwendung z.B. der laparoskopischen Operationen. »Jeder« kann diese Technik benutzen, und jeder weiß um das Problem der sog. Lernkurve. Wir alle glauben, dass dieses Vorgehen Kosten spart, dieses Operationsverfahren gleich wie die offene Chirurgie ist und wir alle behaupten, dass neue Technologien besser sind. Laparoskopisches Operieren wurde sehr schnell von uns und den Patienten akzeptiert, ohne jedoch durch strenge wissenschaftliche Studien evaluiert worden zu sein. Diese Techniken werden aber auch eingesetzt, um »Marktanteile« zu verlagern. Gleiches gilt beispielsweise auch für die Einführung und Akzeptanz des »CTG's«. Keiner möchte beide Methoden missen. Lassen wir uns aber nicht vom Mythos neuer Technologie blenden!

Bereits vorhandene Erfolge oder erreichte Ziele dürfen uns nicht zum Stillstand verleiten, sondern anspornen, die nächsten Schritte zu planen und zu gehen. Dabei ist zu bedenken, dass sich unser Wissen derzeit innerhalb weniger Jahre immer verdoppelt und *»nichts beständiger ist als der Wandel«* (Heraklit, 500 v.Chr.)

»Die Zukunft soll man nicht nur voraussehen wollen, sondern mithelfen sie möglich zu machen« und dennoch ungeachtet der Bedeutung der medizinischen Spitzentechnologie immer noch den Mensch als Mittelpunkt unseres medizinischen Handelns zu sehen.

Durch Veranstaltungen wie diese wird erkennbar, wie sehr die Früherkennung und Prävention, die Therapie und die Berücksichtigung der körperlichen, geistigen und seelischen Befindlichkeit und damit das Wohlergehen von Frauen im Vordergrund stehen muss. Vergleicht man den Lebensstil und die Persönlichkeitsentwicklung der Frau heute, so wird nicht nur deutlich, dass die Lebenserwartung der Frau fast doppelt so hoch ist wie vor ca. 100 Jahren, sondern auch die strukturellen Veränderungen in der Lebensplanung – Ausbildung, Beruf und Familie – das Leben von Frauen nachhaltig verändert haben.

Ein veränderter Lebensrhythmus zieht auch eine Veränderung in den biologischen Abläufen nach sich. Die Medizin schenkt dieser Tatsache besondere Bedeutung.

– So sind Frauen immer älter bei ihrer ersten Entbindung.

– Hormoneinnahmen nehmen deutlich zu.

– Frauen sind immer unzufriedener mit ihrem »Body-Image«, das Anspruchsdenken an den Körper und das Sich-Wohlfühlen im eigenen Körper bekommt einen immer größeren Stellenwert.

– Eine große Sorge stellt die immer häufigere Zunahme von bösartigen Erkrankungen, insbesondere des Brustkrebses, dar.

– Zum anderen sind Frauen aber auch immer informierter bezüglich ihrer medizinischen Betreuung und Therapie, gleichzeitig aber auch manchmal fordernder mit zunehmendem Anspruchsdenken.

Was steht derzeit im Blickpunkt der einzelnen Bereiche in unserem Fach Frauenheilkunde?

1. Endokrinologie: Präimplantationsdiagnostik und Stammzellenforschung. Frauen sind älter bei erstem Kinderwunsch.

2. Geburtsmedizin: Pränatale Diagnostik muss unfehlbar sein – Frühgeburtlichkeit ist seit Jahren eigentlich unverändert, Zunahme der Wunschsektio in Industrieländern? Zunahme der alternativen Geburten ohne Qualitätsnachweis.

3. Gynäkologie: Operative Standards? Minimal-invasive versus offene chirurgische Methoden. Myom- und Endometriose-Therapie.

4. Onkologie: Präoperative Therapien, Genchips, Zielgerichtete molekulare Therapien, Prävention von Krebs, einschließlich Impfungen.

Andererseits beherrschen Ausbildungs- und Nachwuchs-Probleme, Dokumentations- sowie qualitätssichernde Maßnahmen den Alltag.

Hierzu nur einige Schlagworte: Controlling, Qualitätsmanagement, ISO-Zertifizierung, Good Clinic Practice, DRG's etc.

So unterschiedlich Frauen in ihrem persönlichen Leben auch sein mögen, in einem – so denke ich – sind sie doch gleich, nämlich in dem Wunsch gesund zu sein. Und gerade hier muss das Bewusstsein der Frauen bezüglich der Früherkennungsuntersuchung und der Verantwortung für den eigenen Körper noch mehr geweckt werden. Eine Aufgabe, bei der Sie als niedergelassene Ärzte oder als Ärzte in einer Klinik sehr viel Einfluss nehmen können. –

Dem Sympomed Verlag München, und hier insbesondere Herrn S. H. Bezold, unser Dank für den gelungenen Band, welcher zudem in beeindruckend kurzer Zeit ausgeliefert werden konnte.

Dank auch für die hervorragende Arbeit des Congressorganisationsbüros C. Schäfer, München.

Frankfurt/M., März 2002 *Prof. Dr. med. Manfred Kaufmann*
Priv.-Doz. Dr. med. André Ahr

Klinik für Gynäkologie und Geburtshilfe

Universitäts-Frauenklinik – www.kgu.de/zfg
GABG-Studienzentrale – www.gabg.de

Begrüßung

Sehr geehrte Damen und Herren,

ganz herzlich bedanke ich mich für die freundliche Einladung von Herrn Professor Kaufmann in Vertretung der Hessischen Sozialministerin Frau Silke Lautenschläger und – Sie werden es unschwer bemerkt haben – auch als Ersatz für Frau Oberbürgermeisterin Petra Roth, die zu ihrem großen Bedauern absagen musste, zu Ihnen sprechen zu dürfen und Ihnen die Grüße und besten Wünsche der Hessischen Landesregierung überbringen zu dürfen. Es ist mir eine Ehre und Freude, den heutigen Kongress zu eröffnen.

Wo soll man beginnen bei diesem reichhaltigen Programm? Welche Fragen sind die drängendsten? Welche Fragen bewegen uns – Sie oder mich – am meisten? Welches sind die aktuellsten Fragestellungen? Wie reagiert die Gesundheitspolitik auf die neuen Entwicklungen?

In der Vorbereitung auf den heutigen Tag und die inhaltliche Ausrichtung meiner Rede, ist mir sehr deutlich geworden, dass sich die Thematik der wissenschaftlichen Beiträge der heutigen Veranstaltung in den letzten 10–15 Jahren eigentlich nicht wesentlich geändert hat, aber durch die Weiterentwicklung, z. B. die Verbesserung der genetischen Diagnostik und der Anwendung biotechnologischer Methoden, sich die Problemlagen entweder verschärft haben oder Hoffnung für ein besseres therapeutisches Handeln haben aufkeimen lassen.

Hier darf ich exemplarisch zwei Beispiele anführen: zum einen die Weiterentwicklung bei der künstlichen Befruchtung als Beispiel für die Verschärfung von Problemlagen und zum anderen die Fortschritte bei der Mammakarzinom-Prävention, der genetischen Diagnostik und der Entwicklung individueller, sozusagen »maßgeschneiderter« Behandlungsmöglichkeiten.

Gestatten Sie mir, dass ich bei aller Euphorie, die ja wohl derzeit bei den Einrichtungen zur künstlichen Befruchtung herrschen – es ist von einer 40 %igen Schwangerschaftsrate und einer etwa 15 %igen Baby-take-home-Rate die Rede –, ein paar kritische Anmerkungen mache. Die Auseinandersetzung mit der künstlichen Befruchtung und ihre Implikation begleiten mein Berufsleben jetzt auch schon seit mehr als zehn Jahren. Seinerzeit konnte im Bundesratsverfahren durch einen Antrag Hessens die Anzahl der zu transferierenden Embryonen auf »Drei« durchgesetzt werden. Man glaubte damit eine gewisse Begrenzung erreicht zu haben. Dies natürlich mit dem Blick auf die Verhinderung von überzähligen Embryonen. Wie sich nun herausstellt – und der vor kurzem im Magazin »Spiegel« veröffentlichte Bericht macht dies überdeutlich –, reichten diese Regelungen nicht aus. Die Folgen sind allen bekannt: Mehrlingsschwangerschaften, unter Umständen Fetozid, Frühgeborene, die oftmals Behinderungen davontragen und die eine übermäßige Belastung und Leid für die Betroffenen bedeuten. Hiermit wird sich die Ärzteschaft in ihren Selbstverwaltungsgremien endlich beschäftigen müssen: sei es durch Nachbesserung der Richtlinien der Bundesärztekammer, sei es durch die zwingende Teilnahme der Einrichtungen am IVF-Register mit entsprechender Registrierung von Nebenwirkungen der Behandlung und der Registrierung des Gesundheitszustandes der Neugeborenen. Insofern bin ich den Organisatoren der Veranstaltung dankbar, dass sie sich mit der Frage der Grauzone der Lebensfähigkeit auseinander setzen werden.

Ob und in welcher Form sich die Politik zu einer Änderung des Embryonenschutzgesetzes oder sogar zur Formulierung eines Fortpflanzungsmedizingesetzes verstehen wird, ist im Augenblick noch nicht abzusehen. Im Nachgang zu dieser Diskussion und Entscheidung zum Import von embryonalen Stammzellen unter einschränkenden Bedingungen, wird der Regelungsbedarf nicht nur der Fragen, die mit der künstlichen Befruchtung und ihren Folgen verbunden sind, auf der Agenda stehen müssen.

Gestatten Sie mir in diesem Zusammenhang auch noch ein Wort zu der von Ärzten und betroffenen Ehepaaren gleichermaßen eingeforderten Präimplantationsdiagnostik. Eine tiefer gehende Auseinandersetzung ist hier jetzt nicht möglich – die Standpunkte sind in vielen Publikationen und in der Öffentlichkeit bis zur Erschöpfung ausgetauscht –, die Enquete-Kommission des Bundestages »Recht und Ethik der modernen Medizin« beschäftigt sich derzeit mit diesem umstrittenen Thema. In dieser Frage wird es keine Annäherung der Standpunkte oder gar einen Kompromiss geben können. Im Falle einer gesetzlichen Regelung kann nur in einer persönlichen Gewissensentscheidung das Für und Wider abgewogen werden. In der Diskussion um die Präimplantationsdiagnostik kulminiert exemplarisch der individuelle

Wunsch nach einem (weitgehend) gesunden Kind, bei eindeutiger genetischer Belastung in der Familie und die gesellschaftliche Befürchtung des weiteren Verlustes ethischer Maßstäbe, auch und vor allem in der Medizin und im Umgang mit behinderten Menschen. Ich teile die Auffassung des Medizinethikers Professor Ludger Honnefelder, der meint, dass wir die medizinische sowie biotechnologische Anwendung der modernen Wissenschaft nur dann sinnvoll nutzen können, wenn wir uns selbst im höchsten Maße begrenzen. Dies ist ein hoher und schwer einzulösender Anspruch, aber es ist der Preis, den wir für den Fortschritt, wenn er dem Menschen dienen soll, zahlen müssen!

Als positives Beispiel der Entwicklung ist die Früherkennung des Mammakarzinoms, die Gendiagnostik und die darauf abgestellte, möglichst individuelle Behandlungsmöglichkeit zu betrachten. Galt es noch bis vor kurzem als besonders vordringlich – und gilt es ja wohl auch noch – Behandlungsstandards zu definieren und die Ärzte im Sinne der Vergleichbarkeit und Qualitätssicherung dazu anzuhalten, diese auch umzusetzen, zeigt sich nun andererseits eine Entwicklung hin zur stark individualisierten Therapie auf der Grundlage der genetischen Diagnostik und entsprechend wirksamer Medikamente. Ich denke, Sie alle werden hier in den kommenden zwei Tagen spannende Forschungsergebnisse dargestellt bekommen und neue Erkenntnisse gewinnen können.

Die aktuellen Tagesereignisse, die sich im Zusammenhang mit dem Wiesbadener Modellversuch zum Mammographie-Screening zugetragen haben, möchte ich an dieser Stelle nicht unerwähnt lassen, allerdings nicht in allen Einzelheiten kommentieren. Nur so viel sei angemerkt: Zum Nutzen der Frauen – und darum geht es ja wohl – kann es nicht sinnvoll sein, das gesamte Projekt auf Grund von Kommunikationsstörungen oder Organisationsfehlern in Frage zu stellen. Die unendliche Diskussion um das Für und Wider des Mammographie-Screenings sowie der jahrelang geführte Streit um die Organisationsform, sollte an dieser Stelle in den Hintergrund treten und einer Handlungsweise Platz machen, die es den Frauen ermöglicht, weiterhin das Angebot vertrauensvoll annehmen zu können! Die Verunsicherung der Frauen kann niemanden dienen. Eine endgültige Beurteilung der Sinnhaftigkeit des Modellvorhabens kann zurzeit natürlich nicht abgegeben werden: Bis zum Stichtag 07.02.2002 wurde allerdings bei bisher 3408 untersuchten Frauen 28-mal erstmals ein Karzinom entdeckt; das entspricht einer Erkennungsrate von 8,2 pro Tausend und somit dem nach den europäischen Leitlinien zu erwartenden Wert!

Zum Schluss kommend möchte ich noch einen Gedanken hinzufügen, der mich bei der Erarbeitung dieser Eröffnungsrede ständig begleitet hat: Was alles bedeuten diese Entwicklungen in Bezug auf die Gesundheit von Frauen in dem ihnen nahe stehendsten und ureigensten Bereich der Sexualität und Regeneration? Die Früherkennung des Mammakarzinoms und die in zunehmendem Maße mögliche individuelle Therapie halte ich für einen großen Fortschritt und hoffe, dass diesem Thema weiterhin die medizinisch-wissenschaftliche und therapeutische Aufmerksamkeit erhalten bleibt, die die Frauen in ihrer Eigenschaft als Frau und besonders als Mütter, verdient haben.

Was die Entwicklungen im Bereich der künstlichen Befruchtung und jetzt der Diskussion um die PID, die embryonalen Stammzellen und nicht zu vergessen, die Experimente mit dem therapeutischen oder sogar generativen Klonen betrifft, ist anscheinend kein Platz mehr für heilige Schauer, wie es einer Ihrer Kollegen zu Beginn der IVF formuliert hat! Ich kann an dieser Stelle nicht auf die weitreichenden, auch gesellschaftspolitischen Implikationen dieser unterschiedlichen Entwicklungen eingehen, möchte aber darauf hinweisen, dass in der öffentlichen Diskussion über die Herkunft des biologisch so wertvollen Materials beharrlich geschwiegen wird. Folgen Sie nur für einen Augenblick in Gedanken: Auch das so genannte therapeutische Klonen wird kommen – die ganze biotechnologische Entwicklung ist ein »Selbstläufer« – davon ist auszugehen. Aber woher sollen die vielen »Eier«, die für diese Methoden in Zukunft erforderlich sein werden, herkommen? Auf die Gefahr hin, dass meine Bemerkungen bei Ihnen Befremden auslösen sollten: Der Verfügbarkeit über den weiblichen Körper und seinen »Produkten« müssen Grenzen gesetzt werden!

Sie haben sich für Ihren Kongress ein reichhaltiges und wie man sieht, auch mit schwierigen Diskussionen behaftetes Programm gegeben. Medizinische Wissenschaft und therapeutisches Handeln sollten meines Erachtens nie allein Selbstzweck sein in einem Bereich, dessen Adressaten im Falle der Gynäkologie und Geburtshilfe, die Frau und partiell das Neugeborene sind. Das hieße im Sinne des oben Gesagten, dass eine reine »Vorsorge« im Rahmen der so genannten »prädiktiven Medizin«, ohne den Aspekt der »Fürsorge«, für die Betroffenen ihren Sinn verfehlt! Ich wünsche Ihnen für die beiden Tage einen guten Verlauf mit lebhaften, gehaltvollen Gesprächen unter Kolleginnen und Kollegen über die Fachgrenzen hinweg, zur gegenseitigen Bereicherung und zu einem Erkenntnisgewinn, den Sie zum Wohl der Ihnen anvertrauten Frauen und Patientinnen einsetzen mögen.

Ich danke Ihnen.

Frankfurt/M., März 2002 *R. Lommel-Bleymehl*

Gynäkologie und Geburtshilfe. München, Sympomed, 2002, vol 2, pp 1–5.

Primäre Chemo- und Hormontherapie beim Mammakarzinom

S. D. Costa

Universitäts-Frauenklinik, Frankfurt/M., BRD

Das Standardvorgehen nach Diagnose eines primären Mammakarzinoms besteht aus einer Abfolge von Operation, gefolgt von systemischer Chemo- und/oder Antihormontherapie und Bestrahlung. Von diesem Vorgehen sind fortgeschrittene, inoperable und inflammatorische Mammakarzinome ausgenommen, bei denen die systemische Therapie der Operation vorgeschaltet wird, um Operabilität zu erreichen.

Die präoperative systemische Therapie wird beim Mammakarzinom seit den 70er Jahren des letzten Jahrhunderts durchgeführt. Aufgrund von Ansprechraten um 70 % wurden in den 80er Jahren auch große (T3) Tumoren primär systemisch behandelt, um Operabilität zu erzielen und sogar in Einzelfällen eine Brusterhaltung zu ermöglichen. Die theoretische Überlegung, dass man durch intraoperative Manipulation eine Dissemination von Tumorzellen hervorruft und dadurch ungünstigere Voraussetzungen für eine nachfolgende systemische Therapie schafft, wurde allerdings niemals experimentell stichhaltig untermauert. In den 90er Jahren wurden erstmals Studien durchgeführt, die sich auf operable Mammakarzinome bezogen und in randomisierter Form die präoperative mit der postoperativen Therapie verglichen [1, 2]. Dabei konnte nachgewiesen werden, dass die Krankheitsverläufe die gleichen sind, unabhängig davon ob man die systemische Therapie vor oder nach der Operation durchführt.

Die primäre systemische Therapie hat allerdings gegenüber der adjuvanten Therapie beim Mammakarzinom einige Vorteile. In erster Linie führt sie dazu, dass ca. 10 % mehr Patientinnen brusterhaltend operiert werden können. Durch die Möglichkeit, das Tumoransprechen direkt zu beurteilen, stellt sie einen so genannten »In-vivo-Chemosensitivitätstest« dar, was in der adjuvanten Situation nicht möglich ist. Das kann dazu führen, dass man unwirksame Therapien frühzeitig beendet und ggf. einen Wechsel auf nicht kreuzresistente Behandlungen vornimmt. Da das Tumoransprechen mit dem Krankheitsverlauf korreliert, können neue Therapieschemata entwickelt und ihre Wertigkeit kann frühzeitig erfasst werden.

Aufgrund der Möglichkeiten, die sich durch die primäre systemische Therapie beim Mammakarzinom eröffnen, wurde im Oktober 2001 in Biedenkopf/Deutschland ein Konsensus-Treffen veranstaltet, an dem Wissenschaftler aus Frankreich, Deutschland, Großbritannien, Italien und den USA teilnahmen. Dabei wurden die vorhandenen Daten analysiert und die biologischen, histologischen, diagnostischen, chirurgischen und strahlentherapeutischen Aspekte der primären systemischen Therapie erörtert [4].

Für die Vorschaltung der medikamentösen Therapie beim Mammakarzinom werden viele Begriffe verwendet: »präoperativ«, »primär«, »neoadjuvant« oder »Induktionstherapie«. Im Folgenden soll für diese Therapieart der Begriff »primäre systemische Therapie« (PST) verwendet werden.

Beim Konsensus-Treffen in Biedenkopf (KTB) wurde zunächst festgehalten, dass die PST als Standardoption für alle Mammakarzinome gilt, bei denen durch primäre Operation keine lokale Sanierung erreichbar ist. Als inoperabel gelten Mammakarzinome in den Stadien IIIA/IIIB bzw. T3- und T4-Tumoren einschließlich der inflammatorischen Karzinome und beim Befall ipsilateraler, supraklavikulärer Lymphknoten.

Bei durch Mastektomie operablen Mammakarzinomen kann alternativ eine PST angeboten werden, wenn die Patientinnen eine Brusterhaltung unbedingt wünschen. Durch die PST kann die Rate an Brusterhaltungen bei Tumorgrößen zwischen 2–5 cm um 12,5 % und bei > 5 cm um 17,5 % gesteigert werden. Weder die Lokalrezidiv- noch die Überlebensrate werden dadurch beeinträchtigt.

Außerdem kann eine PST durchgeführt werden, wenn Patientinnen aus medizinischen Gründen inoperabel sind (in solchen Fällen ist allerdings eine Chemotherapie auch oftmals nicht einsetzbar, so dass man in solchen Fällen auf Antiöstrogentherapien zurückgreifen kann) oder wenn die Operation verschoben werden soll (Wunsch der Patientin, Mammakarzinom in der Schwangerschaft).

Bei der PST hat man die einmalige Möglichkeit, Tumorgewebe vor und nach Chemotherapie hinsichtlich biologischer Faktoren in vitro zu testen und auch neue Therapieschemata einzusetzen, wobei das Tumoransprechen als Surrogatmarker für den Verlauf verwendet werden kann. Allerdings kann dies nur im Rahmen von Studien erfolgen, und diese Gründe können nicht als eine routinemäßige Indikation für die PST angesehen werden.

Die Diagnose eines invasiven Mammakarzinoms sollte immer histologisch mittels Stanzbiopsie abgesichert werden, bevor eine PST durchgeführt wird. Eine zytologische Diagnose birgt die Gefahr in sich, dass man nicht-invasive Mammakarzinome chemotherapeutisch behandelt. Andererseits ist angesichts der hohen pCR-Rate bis zu 25 % mit neueren Therapieschemata denkbar, dass die primär gewonnene Tumorprobe der einzige histologische Nachweis des Mammakarzinoms ist.

Beim KTB wurde als sinnvoll und ausreichend erachtet, im Primärtumor das Grading und die Steroidhormonrezeptoren (Östrogen- und Progesteron-Rezeptoren) immunhistochemisch zu bestimmen, da sie eine therapeutische Relevanz besitzen. Weitere Faktoren wie Ki-67 oder HER 2/neu sollten nur beim Vorliegen wissenschaftlicher Fragestellungen herangezogen werden.

Die Frage nach dem wirksamsten Therapieprotokoll für die PST bedarf weiterer randomisierter Studien. Die vorhandene Datenlage erlaubt jedoch den Schluss, dass man 3 bis 4 anthracyclinhaltige Chemotherapien durchführen sollte. Bei gutem Ansprechen können weitere Zyklen angeschlossen werden, um eine bessere Operabilität zu erzielen bzw. um das Ansprechen weiter zu verbessern. Allerdings gibt es keine Daten, die einen Überlebensvorteil von 6–8 Zyklen primärer Chemotherapie gegenüber weniger Zyklen untermauern würden. Erste Ergebnisse deuten darauf hin, dass sequentielle Gaben von Anthracyclinen und Taxanen zu einer Verbesserung des Tumoransprechens führen, wobei Überlebensdaten noch ausstehen [3, 5, 8]. Daher sind Kombinationen von Taxanen und Anthracyclinen nur in Studien einzusetzen. Im Falle eines axillären Lymphknotenbefalles bei der Operation nach komplett durchgeführter Chemotherapie (z.B. nach 4–6 Zyklen AC oder EC) sollten keine so genannten Second-line-Chemotherapien verabreicht werden, da deren Wertigkeit unklar ist.

Beim Vorliegen von positiven Steroidhormonrezeptoren bietet sich eine Antihormontherapie als Alternative zur primären Chemotherapie an. Allerdings sind nach bisherigen Erkenntnissen die Ansprechraten wesentlich niedriger (z.B. bei postmenopausalen, Hormonrezeptor-positiven Patientinnen durch 4 Monate Letrozol ca. 45 %, Tamoxifen ca. 35 %), so dass eine Empfehlung nicht ausgesprochen werden kann. Mögliche Indikationen für eine endokrine PST ist die Ablehnung der Chemotherapie durch Patientinnen, reduzierter Allgemeinzustand (Kontraindikation für eine Chemotherapie aus medizinischen Gründen) und hohes chronologisches und biologisches Alter. Unabdingbare Voraussetzung ist die Hormonrezeptor-Positivität. Aufgrund vorliegender Daten sollten Aromatasehemmer der neuen Generation gegenüber Tamoxifen bevorzugt werden. Zur Wertigkeit endokriner PST bei prämenopausalen Patientinnen gibt es keine Daten.

Endokrine Maßnahmen nach PST sollten entsprechend den Empfehlungen bei der adjuvanten Therapie durchgeführt werden. Da die simultane Gabe von Tamoxifen und Chemotherapie nur zu einer Toxizitätserhöhung, nicht aber zu besserem Ansprechen führt, sollten diese Therapien sequentiell verabreicht werden [7].

Eine weitere Frage, die beim KTB erörtert wurde, war das Therapiemonitoring der PST. In den bisher veröffentlichten Studien wurde nur die klinische Palpation zur Erfassung des Therapieansprechens evaluiert und sollte vor Therapiebeginn und am Ende jeden Zyklus durchgeführt werden. Mamma-Ultraschall und Mammographie können in unklaren Fällen und bei vermuteter Progression hilfreich sein. Weitere Untersuchungen wie MRT oder PET gelten als experimentell.

Die Behandlung eines Mammakarzinoms nach PST setzt eine genaue prätherapeutische Lokalisation voraus, denn bei gutem Therapieansprechen kann es schwierig sein, den Tumor zu tasten und zu bestimmen, welches Brustareal zu entfernen sei. Die kontinuierliche Betreuung durch eine Person (am besten durch den künftigen Operateur) und Hilfsmittel wie Zeichnungen, Photographien und Hautmarkierungen mittels z.B. Tätowierung können hilfreich sein.

Ziel der Operation nach PST ist, wie beim Standardvorgehen den Tumor im Gesunden zu entfernen. Der gesunde Gewebesaum sollte mindestens 1 mm um den Tumor nach erfolgter Therapie betragen. Junge Patientinnen mit größeren Tumoren, niedrigerem Differenzierungsgrad und Tumoren, die den Resektionsrand erreichen, weisen ein erhöhtes Risiko für ein Lokalrezidiv auf [6]. Dies kann durch unterschiedliche Schrumpfungsmuster der Tumoren nach PST verursacht werden. In einigen Fällen schrumpfen die Tumoren konzentrisch, während in anderen ein kleinerer Kern mit Ausziehungen entstehen kann. Da dies präoperativ weder klinisch noch apparativ festgestellt werden kann, ist die Rate an Reoperationen erhöht, und die Patientinnen sollten hierüber informiert werden [7]. Alle so genannten »onkoplastischen« Operationen und die rekonstruktiven Maßnahmen gelten auch nach PST als experimentell und können nicht außerhalb von Studien empfohlen werden.

Die histologische Untersuchung sollte systematisch und senkrecht zur Längsachse des Tumors durchgeführt werden. Eine Präparatradiographie kann sinnvoll sein, um okkulte Herde in einem größeren Präparat finden zu können. Der untersuchende Pathologe sollte die Ausdehnung des Primärtumors, Multifokalität, intraduktale Komponente, Lymphangiosis carcinomatosa, Präsenz von Lymphozyten und den Lymphknotenbefall dokumentieren und angeben. Das Staging sollte dem TNM-System entsprechen.

Für die Strahlentherapie nach PST (und Operation) gelten die gleichen Prinzipien und Indikationen wie im Falle des Standardvorgehens. Zwar kann die präoperative Strahlentherapie im Anschluss nach PST die Rate der Brusterhaltungen erhöhen, aber sie ist kein Ersatz für die Operation, da sie in eine unvertretbare hohe Lokalrezidivrate resultiert.

Trotz zunehmender Daten zur PST sind gegenwärtig noch viele Fragen offen. In erster Linie ist die Wahl der Therapie mit der höchsten Wahrscheinlichkeit für eine pCR noch Gegenstand von zahlreichen Untersuchungen, die weltweit durchgeführt werden. Offen sind auch die beste Lokalisierungstechnik und das Ausmaß des chirurgischen Eingriffes, um einerseits optimale lokale Kontrolle und andererseits Re-Operationen zu vermeiden. Trotzdem bietet die PST die einmalige Möglichkeit des Einsatzes zahlreicher neuer molekular-biologischer Techniken wie DNA-microarray-Techniken oder der Proteomics auf der Suche nach prädiktiven Markern, die das Therapieansprechen und mithin das Überleben vorauszusagen vermögen.

Literatur

1 Fisher B, Brown A, Mamounas E, et al: Effect oft preoperative chemotherapy on local-regional disease in women with operable breast cancer: Findings from National Surgical Adjuvant Breast and Bowel Project B18. J Clin Oncol 1997;15(7):2483–2493.
2 Fisher B, Bryant J, Wolmark N, et al: Effect of preoperative chemotherapy on the outcome of women with operable breast cancer. J Clin Oncol 1998;16:2672–2685.
3 Gianni L, Valagussa P, Zambetti M, et al: Adjuvant and neoadjuvant treatment of breast cancer. Semin Oncol 2001;28:13–29.
4 Kaufmann M, von Minckwitz G, Smith R, et al: International consensus panel on primary (preoperative) systemic treatment of breast cancer: Meeting highlights and recommendations. J Clin Oncol (in press, 2002).
5 Mamounas EP, Fisher B: Preoperative (neoadjuvant) chemotherapy in patients with breast cancer. Semin Oncol 2001;28:389–399.
6 Rouzier R, Extra JM, Carton M, et al: Primary chemotherapy for operable breast cancer: incidence and prognostic significance of ipsilateral breast tumor recurrence after breast-conserving surgery. J Clin Oncol 2001;19:3828–3835.
7 von Minckwitz G, Raab G, Schütte M, et al: An 8 weeks dose-dense versus a 24 weeks sequential adriamycin/docetaxel-combination as preoperative chemotherapy in operable breast cancer (T 2-3, N 0-2, M0): the GEPARDUO-study. Eur J Cancer 2001;37(S6):S145.
8 von Minckwitz G, Costa SD, Raab G, et al: Dose-dense doxorubicin, docetaxel, and granulocyte colony-stimulating factor support with or without tamoxifen as preoperative therapy in patients with operable carcinoma of the breast: a randomised, controlled, open phase II b study. J Clin Oncol 2001;19:3506–3515.

Gynäkologie und Geburtshilfe. München, Sympomed, 2002, vol 2, pp 6–9.

Gynäkologisch-onkologische Nachsorge

M. W. Beckmann, C. Brumm, C. Gall, P. A. Fasching, S. Renner, S. Krämer

Universitäts-Frauenklinik, Erlangen, BRD

Karzinomerkrankungen sind schicksalhafte Veränderungen im Leben einer Frau mit zumeist weitreichenden Veränderungen sowohl für die betroffene Frau selbst, als auch für ihre direkte Umgebung. Die individuelle Lebensplanung, zuvor gefasste Lebensentscheidungen und der Sinn des Lebens werden in Frage gestellt, die Zukunft als unsicher und nicht mehr berechenbar empfunden.

Der Verlauf der Karzinomerkrankung kann in fünf, sich teilweise überlappenden Phasen unterteilt werden:

Phase I:	Von der Diagnose zur Therapieplanung
Phase II:	Durchführung der Therapie
Phase III:	Onkologische Nachsorge und Rehabilitation
Phase IV:	Behandlung des Rezidivs bzw. von Metastasen
Phase V:	Palliation und Lebensende

Die Zeitdauer der einzelnen Phasen der Karzinomerkrankung ist sehr unterschiedlich und von mehreren Faktoren, insbesondere aber vom Alter, dem primären Tumorstadium und der primären Behandlung abhängig. Im Rahmen der Deutschen Krebsvorsorge-Studie (DKVS) wurden Frauen nach den Determinanten und den Chancen einer Heilung bei Karzinomerkrankungen befragt. Früherfassung der Erkrankung, schulmedizinische Heilmethoden, das individuelle ärztliche Können und der Gesundheitszustand wurden als die wesentlichen Determinanten der Heilung angesehen. Die Einschätzung der Heilungschancen zeigte eher schlechte Chancen bzw. eine unheilbare Situation in 27 % für das Mammakarzinom, in 30–35 % für Uteruskarzinome und in 43 % für das Ovarialkarzinom.

Exakte Informationen über die Anzahl der primär erkrankten Frauen, der Frauen in aktueller Therapie oder Frauen mit Metastasen/Rezidiv bzw. der karzinombedingten Todesfälle sind nicht verfügbar. Für Kosten-Nutzen-Analysen sind diese Zahlen unbedingte Voraussetzung. Basierend auf den Informationen aus verschiedenen Krebsregistern lebten im Jahr 2001 schätzungsweise z. B. 360 000 Frauen in der Lebensphase nach primärem Mammakarzinom, teilweise mit adjuvanter Hormontherapie, bzw. 55 000 Frauen waren an einem Mammakarzinom-Rezidiv oder -Metastasen erkrankt, 62 000 Frauen waren in der Lebensphase nach primärem Endometriumkarzinom, 12 000 Frauen hatten ein Endometriumkarzinom-Rezidiv oder -Metastasen. Die Anzahl der Frauen in den einzelnen Phasen der Karzinomerkrankung ist sehr unterschiedlich, wobei sich die absolut größte Zahl der Frauen in der Phase III: Nachsorge und Rehabilitation befindet.

Anfang der neunziger Jahre war die Nachsorge nach einem starren, apparatetechnisch orientierten Schema ausgerichtet. Mit den Daten mehrerer prospektiv-randomisierter Studien zur Effektivität der Untersuchungsmethoden, zum Effekt auf das krankheitsfreie bzw. das Überlebensintervall, zu den therapeutischen Möglichkeiten bei Fernmetastasen oder weit fortgeschrittenen Rezidiven und zur Kosten-Nutzen-Relation sind diese Schemen verlassen worden. Neben den Studienergebnissen beeinflussen auch aktuelle Einflussfaktoren die Ausrichtung des Nachsorgekonzeptes. Zu den Faktoren gehören unter anderem die individualisierten multimodalen (Langzeit-)Therapieformen (Chemotherapie, Hormontherapie, molekulare Therapien), die differenzierte stadienabhängige Prognose, der individuelle hohe Anspruch an Funktionalität und Lebensqualität, die Verbesserung des Langzeitüberlebens der betroffenen Frauen, die Ansprüche an Qualitätssicherungsmaßnahmen (Evidenz-basierte Kriterien, Studien, Krankenkassen) und die Kooperation zwischen Klinik und Praxis. Alle Gesichtspunkte sind darüber hinaus unter den Aspekten der alternden Bevölkerungsstruktur, der damit verbundenen Zunahme an Erkrankten und der allgemeinen Reduktion der zur Verfügung stehenden finanziellen Mittel zu bewerten.

Als Konsequenz aus den prospektiven Nachsorgestudien und den aktuellen Einflussfaktoren hat sich ein klinisch orientiertes strukturiertes Nachsorge-Konzept nach potentiell kurativer Primärtherapie entwickelt. Im Vordergrund steht die individuelle Ausrichtung mit einem informativen Aufklärungsgespräch, einer ausführlichen, strukturierten Anamneseerhebung, einer klinischen, symptomorientierten Untersuchung. Nur bei klinischem Hinweis oder Symptomen besteht die Notwendigkeit einer apparativen Diagnostik. Der Begriff der »sprechenden Medizin« mit persönlicher Betreuung tritt mehr in den Vordergrund und wird als Aspekt der professionellen ärztlichen Tätigkeit anerkannt.

Im Vordergrund der gynäkologisch-onkologischen Nachsorge stehen die Bedürfnisse der Patientin. Handlungsmaxime sind die Verbesserung der Heilungschancen oder Lebensverlängerung und/oder Verbesserung bzw. Erhaltung der Lebensqualität. Erreicht werden sollen diese Ziele durch die individuelle Betreuung und Informationen über allgemeine und spezielle Maßnahmen, Schulung und Information, soziale Hilfestellung und psychologische Intervention. Zusätzlich zu diesen Zielen sind die Qualitätssicherung bzw. das Monitoring der primären adjuvanten Therapie und die Einschleusung von Patientinnen in Studien zusätzliche Aspekte der Nachsorge. Insbesondere durch aktuelle Studienergebnisse über den Prognosevergleich zwischen Frauen, die im Rahmen von Studien bzw. ohne Studienteilnahme betreut wurden, unterstreichen die Wertigkeit der Teilnahme an klinischen Studien.

Betreuung und Information zu den allgemeinen Maßnahmen umfassen die Therapie bei Übelkeit und Erbrechen, dem Chronic Fatigue Syndrome, bei Schmerzen, bei Narben/Adhäsionen, beim Lymphödem mit den sek. Folgen, bei körperlich eingeschränkter Leistungsfähigkeit, bei Hormonausfallserscheinungen, bei Inkontinenz (Blase, Darm), bei Sensibilitätsstörungen und beim Lokalrezidiv, Metastasen oder Zweiterkrankungen/-malignom.

Unter die speziellen Maßnahmen subsumieren sich die Therapie der Restkontinenz, Erlernung vom Kompensation und Selbstversorgung, Versorgung mittels Prothetik und Erlernen von berufsbezogenen Trainingsaktivitäten.

Schulung und Information betreffen Ernährung und Lebensstil, die Möglichkeiten der Risiko-Reduktion, der Prophylaxe von Lymphödemen, Thrombose und Kontrakturen, Stressbewältigung, sowie die Beratung über komplementäre Therapien und die familiäre Disposition.

Soziale Hilfestellungen umfassen die berufliche und soziale Reintegration und die Förderung von sozialer Kompetenz und Selbstbewusstsein.

Zentraler Punkt der patientinnenorientierten gynäkologisch-onkologischen Nachsorge ist die psychologische Intervention. Hierzu gehören die Betreuung bei depressiver Verstimmung, bei Ängsten, Nervosität oder Anspannung. Dieses kann durch psychologisch-psychotherapeutische Intervention mit Stärkung des Selbstwertgefühls und dem Versuch der Krankheitsbewältigung erfolgen. Mit einbezogen werden sollten Aspekte der Familie einschließlich Partnerschaft und Sexualität. Zentrales Thema ist die Bewältigung der Lebens- und der Todesangst.

Die Nachsorge wird organspezifisch in Untersuchungsfrequenz und Untersuchungsinhalten strukturiert. Sie ist ausgerichtet bis zum Ablauf des fünften Jahres nach Abschluss der Primärtherapie, wobei dies z.B. beim Mammakarzinom widersprüchlich ist. Bei Patientinnen mit rezeptorpositivem Mammakarzinom ist die primäre Hormontherapie für einen Zeitraum von fünf Jahren indiziert. Die Weiterführung der Nachsorge ist somit organspezifisch auszurichten und flexibel zu handhaben.

Take-Home-Message

– Das strukturierte Nachsorge-Konzept nach potentiell kurativer Primärtherapie ist klinisch orientiert.
– Das Nachsorge-Konzept hat eine individuelle Ausrichtung
– mit einem informativen Aufklärungsgespräch,
– einer ausführlichen, strukturierten Anamneseerhebung und
– einer klinischen, symptomorientierten Untersuchung.
– Nur bei klinischem Hinweis oder Symptomen besteht die Notwendigkeit einer apparativen Diagnostik.
– Die Nachsorge wird organspezifisch in Untersuchungsfrequenz und Untersuchungsinhalten strukturiert.

Literatur beim Verfasser

Gynäkologie und Geburtshilfe. München, Sympomed, 2002, vol 2, pp 10–14.

Prävention von Spätabort und früher Frühgeburt bei Hochrisiko-Patientinnen

E. E. Petersen

Universitäts-Frauenklinik, Sektion Gynäkologische Infektiologie, Freiburg, BRD

Einleitung

Etwa 5–7 % der Schwangerschaften enden in Deutschland als Frühgeburt vor der 38. SSW, davon 1 % vor 32. SSW. In Zentren liegen diese Zahlen deutlich darüber. Über die Zahl der Spätaborte gibt es keine Angaben. Mindestens die Hälfte dieser Komplikationen werden heute auf eine Infektion zurückgeführt, die überwiegend aus dem Vaginal- und Zervixbereich aszendiert ist.

Kommt es vor der Lebensfähigkeit des Kindes zu einer Infektion, so endet die Schwangerschaft in einem Spätabort. Nur in wenigen dieser Fällen ist hierfür eine bekannte Infektion mit einem pathogenen Erreger (Listerien, Neisseria gonorrhoeae, Chlamydien, Camphylobacter jejuni etc.) verantwortlich zu machen. In der Mehrzahl der Fälle wird die Infektion ausgelöst durch Darmbakterien, die bei vielen Frauen in unterschiedlicher Konzentration in der Vagina anzutreffen sind. Da es nicht bei allen Frauen mit diesen Keimen in hoher Konzentration zu einer Infektion und Spätabort bzw. Frühgeburt kommt, müssen zusätzliche begünstigende Faktoren im Zervixbereich vorliegen. Da viele dieser Faktoren (Zustand nach Konisation, Zervix-Dilatation vor Abrasiones, Bindegewebsschwäche, Neigung zu vaginaler und zervikaler Infektion bzw. Keimstörung) in der Regel beständig sind, ist das Wiederholungsrisiko bei diesen Frauen relativ hoch, bis zu 60 %.

Die Hoffnung, durch eine engmaschige bakteriologische Kontrolle zusammen mit der Bestimmung von Entzündungsparametern das Infektionsrisiko und den Infektionsbeginn frühzeitig zu erkennen und den Spätabort/frühe Frühgeburt zu verhindern, hat sich leider bis heute nicht erfüllt. Ursachen hierfür sind auch die Grenzen der bakteriologischen Möglichkeiten, denn es ist bekannt, dass in der Routinebakteriologie manche Erreger aufgrund ihrer Labilität und ihrer teilweise schwierigen Anzüchtung nicht nachgewiesen werden können.

Die Quelle der unerwünschten Keime in der Vagina ist meist der eigene Afterbereich. Auch aus anatomischen Gründen ist dieser Bereich bezüglich Reinigung und Pflege problematisch, und die Aussaat von Bakterien häufig.

Versuche, durch langfristige Antibiotikagabe den infektiösen Wiederholungsabort zu verhindern, verlaufen oft nicht erfolgreich. Langfristige Gaben von Antibiotika führen zu einer Selektion kaum noch antibiotisch zu beeinflussender Bakterienstämme, z. B. Pseudomonaden. Es müssen somit andere Wege begangen werden, um das Infektionsrisiko und damit auch die Frühgeburtlichkeit in der Schwangerschaft zu senken.

Prophylaktischer Ansatz

Risikofaktoren für Frühgeburt und Spätabort in der Reihenfolge ihrer Gewichtung sind: Anamnese (Zustand nach Spätabort/frühe Frühgeburt), Infektionen, Zervixveränderungen, gestörte Vaginalflora, Stress etc.

Prophylaxemöglichkeiten, die sich nach der Höhe bzw. Zunahme des erkennbaren Risikos richten, sind: Keimreduktion (Verbesserung der Vaginalflora durch z. B. Vagi-C, Vulvapflege und Analpflege mit z. B. der Creme Euvasan). Frühzeitige Behandlung von Infektionen. Kurzfristige prophylaktische/therapeutische Antibiotikagaben. Zervixstabilisierung (Cerclage 14. SSW, totaler MM-Verschluss, Arabin-Cerclagepessar). Ruhigstellungsmaßnahmen wie Magnesium, Valium, Schonung, Bettruhe, stationäre Aufnahme etc. Engmaschige persönliche Betreuung (Droge Arzt).

Bei vielen der von uns gesehenen Hochrisiko-Patientinnen waren diese Maßnahmen teilweise bereits angewendet worden, trotzdem verlief die Schwangerschaft erfolglos. Somit ist nicht nur die einzelne Maßnahme an sich, sondern oft die richtige Reihenfolge und Kombination zusammen mit einer intensiven persönlichen Betreuung entscheidend.

Tabelle 1. Übersicht der Hochrisiko-Schwangerschaften

Schwangerschaften	Geburt 36.–40. SSW	34. SSW	28. SSW	26. SSW	Spätabort	noch schwanger
22	14 (16*1)	1	2*2	1*3	2*4	2

*1 Patientin hat nach 2 Spätaborten (20. SSW) jetzt ihr 3. Kind am ET

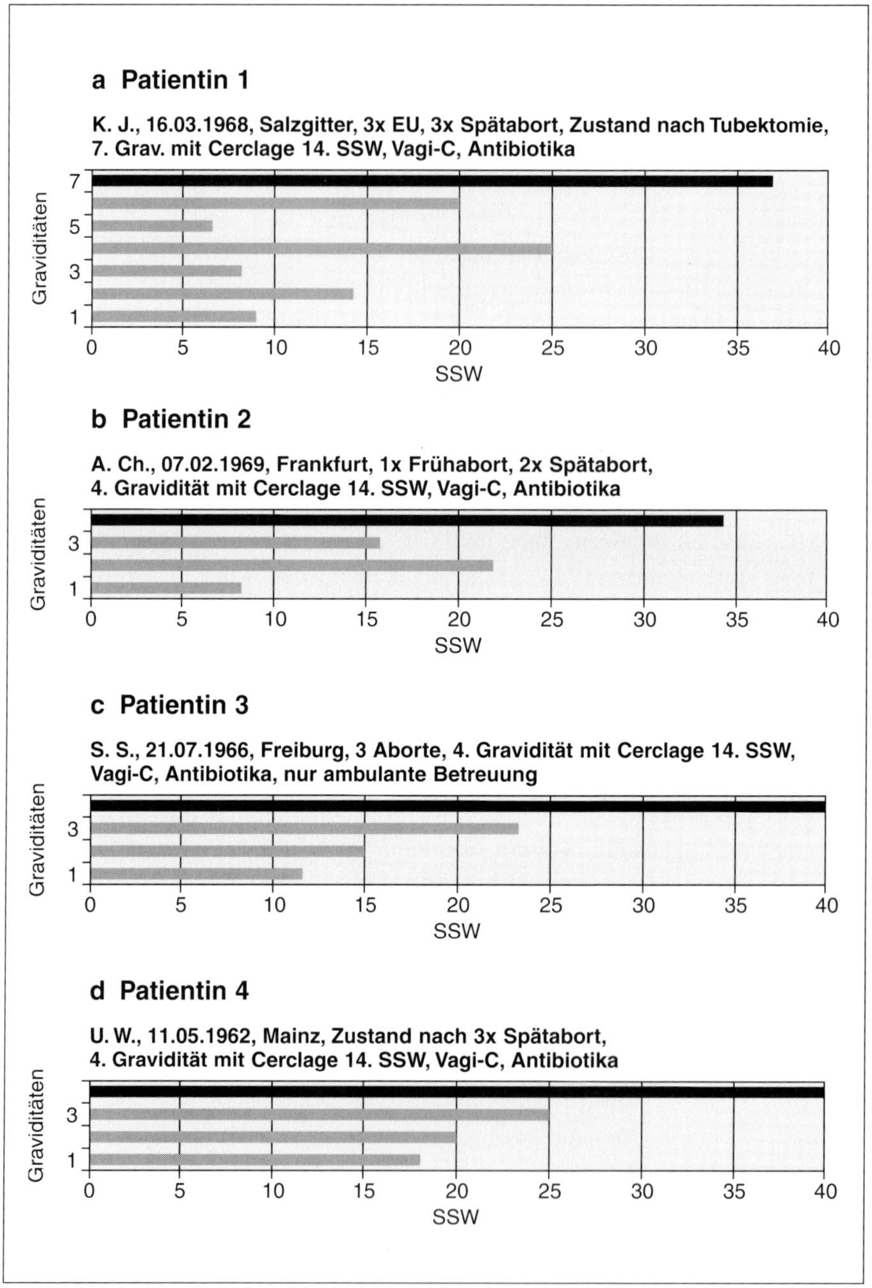

Abbildung 1, a–h. Fallbeispiele von erfolgreichen Schwangerschaften. Die schwarzen Säulen repräsentieren lebende Kinder.

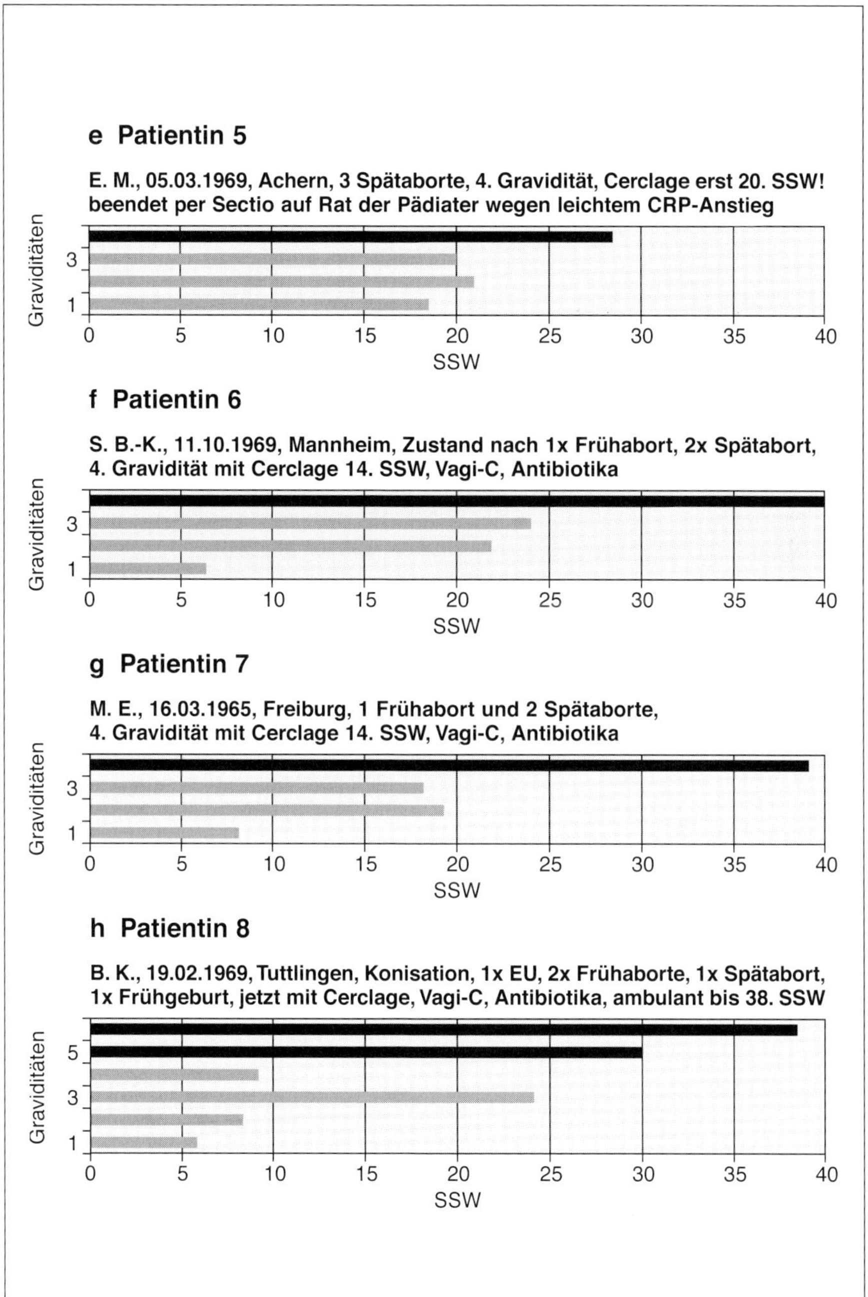

Abbildung 1 (Fortsetzung)

Eigenes Behandlungsgut

Die Wirksamkeit einer Maßnahme kann am besten an Hochrisiko-Patienten gezeigt werden, die ein hohes Wiederholungsrisiko haben, weshalb nur diese hier präsentiert werden.

In den letzten 3 Jahren haben wir 22 Frauen gesehen, die mindestens 2 Spätaborte bzw. frühe Frühgeburten hatten, von denen nur in einem Fall das Frühgeborene überlebt hat, und die wieder schwanger geworden sind. 20 dieser Frauen haben innerhalb dieser Beobachtungszeit 22 Schwangerschaften abgeschlossen mit 18 (20[*1]) lebenden Kindern (18/20 = 90 %) (Tab. 1).

Die komplette Behandlung (täglich Vagi-C spätestens ab 8. SSW, Cerclage in der 14. SSW, wiederholte kurzfristige Antibiotikagabe, Untersuchung während der Schwangerschaft auch bei uns) erhielten 12 Frauen. Alle haben ein Kind, 10 × erfolgte die Geburt nach der 37. SSW und je 1 × in der 34. und 36. SSW.

Bei 2 Frauen, bei denen die Cerclage erst in der 20. SSW bei beginnendem FB-Prolaps durchgeführt wurde, kam es in der 28. SSW zur Geburt bzw. wurde in einem Fall auf Anraten der Pädiater eine Sectio[*2] durchgeführt. Beide Kinder leben und entwickeln sich gut. Zwei Patientinnen hatten eine Cerclage abgelehnt. Hier kam es einmal zu einem Spätabort in der 23. SSW und einmal zur Frühgeburt[*3] in der 26. SSW. In einem weiteren Fall haben wir die Patientin[*4] während der Schwangerschaft nicht gesehen. Hier kam es erneut in der 22. SSW zum Spätabort.

Schlussfolgerung

Nach unseren Erfahrungen sind die Chancen bei erkanntem Spätabort/frühes Frühgeburts-Risiko für eine erfolgreiche Schwangerschaft gut, wenn frühzeitig die Vaginalflora mit Vagi-C optimiert wird, eine Stabilisierung der Zervix früh, d. h. vor beginnendem FB-Prolaps vorgenommen wird (z. B. 14. SSW) und großzügig kurzfristig Antibiotika prophylaktisch oder therapeutisch verordnet werden.

Gynäkologie und Geburtshilfe. München, Sympomed, 2002, vol 2, pp 15–21.

Vulva-Sprechstunde:
Aktuelle Aspekte der Diagnostik und Therapie von Lichen sclerosus, VIN und Condylomata acuminata

A. Ahr

Universitäts-Frauenklinik, Frankfurt/M., BRD

Einleitung

Als Ursachen für Vulvabeschwerden kommen Entzündungen (bakteriell, viral, fungal), maligne Veränderungen, dermatologische Erkrankungen mit Vulvamanifestationen und auch psychosomatische Ursachen in Betracht. Wichtig ist, dass der behandelnde Arzt alle differentialdiagnostischen Möglichkeiten kennt und die Therapieoptionen anwenden kann. Die häufigsten Überweisungsdiagnosen von niedergelassenen Gynäkologen an die Vulva-Spezialsprechstunde der Universitäts-Frauenklinik Frankfurt/M. sind Patientinnen mit Lichen sclerosus, einer vulvären intraepithelialen Neoplasie (VIN) und betroffene Frauen mit Condylomata acuminata. Daher bezieht sich der folgende Beitrag auf diese drei Diagnosen.

Lichen sclerosus

Der Lichen sclerosus kann in jedem Alter auftreten und sowohl Männer als auch Frauen betreffen. Er ist selbst *keine* Präkanzerose, jedoch finden sich bei den Betroffenen gehäuft Präkanzerosen oder auch Karzinome. Klinisch findet sich eine Hypopigmentation der betroffenen Hautregion mit einer scharfen Begrenzung und einer Hautfältelung. Im mikroskopischen Bild zeigt sich eine Hyperkeratose, eine Hautverdünnung sowie ein subepidermales Ödem. Des Weiteren finden sich Entzündungszellen in den betroffenen Hautarealen und auch eine Dilatation der subdermalen Gefäße. Die Klinik ist charakterisiert durch Juckreiz, Schmerzen - und wenn eine Sekundärinfektion, kommt es zu Rötungen, Erosionen und Ödemen. Wichtig ist aber auch, dass einige Betroffene asymptomatisch sind. Erst nach einem Ereignis, z. B. einer Vulvovaginitis, wird der Lichen sclerosus dann symptomatisch. Als Komplikation des Lichen sclerosus sind zu nennen: Atrophie des Genitale, Introitusstenosen und auch eine erhöhte Karzinominzidenz z. B. eines verhornenden Plattenepithelkarzinoms auf dem Boden eines Lichen sclerosus.

Die *Diagnose* wird gestellt durch das klassische klinische Erscheinungsbild und durch eine histologische Sicherung mittels Punch-Biopsie. Klassisch bei dieser Erkrankung ist ein chronischer Krankheitsverlauf. 20 % der betroffenen Frauen leiden gleichzeitig an einer Autoimmunerkrankung (z. B. Alopezie, Vitiligo). Die Ätiologie des Lichen sclerosus ist weiterhin unbekannt. Hypothetisch wird angenommen, dass es sich um eine Autoimmunerkrankung handelt (erhöhte Koinzidenz!). Weiterhin wird diskutiert, dass ein Testosteron-Rezeptordefekt vorliegt oder bei den Betroffenen eine HLA-Veränderung gefunden werden kann.

Wichtig zu wissen ist bei der Behandlung des Lichen sclerosus, dass dieser nicht heilbar ist! Es handelt sich um eine symptomatische Therapie und nicht um eine kausale Behandlung. Aber – die Erkrankung ist durch die Behandlung kontrollierbar. Durch die Therapie verschwinden die Beschwerden, und es normalisiert sich die Hypopigmentation, die Hyperkeratose, die Hautdicke und auch Beanspruchung der Haut. Vernarbungen, Verklebungen und Verengungen lassen sich durch die Therapie nicht beeinflussen.

Wie sieht nun die *Behandlung* aus? Es gibt verschiedene Behandlungsoptionen, und zwar die Behandlung mit Kortikosteroiden, Testosteron-Proprionat 2%ig, Progesteron-Salbe, Retinoide, Kryo-Therapie, Laser-Therapie und die chirurgische Behandlung. Die Behandlung mit topischen Kortikosteroiden ist erste Wahl (Tab. 1). Die Nebenwirkungen der Kortikosteroid-Salben wie z. B. Atrophie, Striae oder Steroiddermatitis sind insgesamt selten, und die mittelpotenten Kortikosteroidsalben haben praktisch keine Nebenwirkungen. Superinfektionen sollten besser durch orale Antibiotika oder Antimykotika behandelt werden wegen der lokalen Nebenwirkungen. Sehr quälender Juckreiz – insbesondere nachts – kann mit Sedativa behandelt werden. Eine chirurgische Behandlung, d. h. eine Exzisions- oder ablative Therapie (Vulvektomie, Vulvaskinning, Co2-Laserbehandlung), ist mit einem sehr hohen Rezidivrisiko verbunden und für die Patientin auch sehr schmerzhaft. Die chirurgische Behandlung des Lichen sclerosus ist nur noch zur Behandlung von Komplikationen, z. B. Vernarbungen, Introitusstenosen, indiziert. Die lokale Behandlung mit Testosteron-Proprionat 2%ig führt nur zu einer kurzfristigen Symptomverbesserung (1–3 Monate), danach konnte in verschiedenen randomisierten Studien kein signifikanter

Tabelle 1. Lichen sclerosus

Behandlung mit Kortikosteroidsalben – 1. Wahl	
	– mittelpotente topische Kortikosteroide Triamcinolone 0,1 % (TriamSalbe Lichtenstein 20 g € 3,51) Wichtig – kein Alkohol in der Salbe, wegen Brennen 2 × Tag für 12 Wochen, danach Intervalle individuell verlängern
	– hochpotente topische Kortikosteroide Clobetasolpropionate 0,05 % (Karison Fettsalbe 15 g € 7,64) 2 × Tag für 12 Wochen, danach Umstellung auf mittelpotentes Kortikosteroid
Nebenwirkungen:	Bei hochpotenten Salben Atrophie, Striae, Steroiddermatitis selten, bei mittelpotenten praktisch keine Nebenwirkungen
Begleitbehandlung:	Superinfektionen besser durch orale Antibiose/Antimykotika wegen lokaler NW Quälenden Juckreiz nachts mit Sedativa behandeln

Vorteil gegenüber einer Plazebobehandlung nachgewiesen werden. Es kommt auch zu keiner Normalisierung der betroffenen Hautareale, und diese Behandlung ist mit zahlreichen Nebenwirkungen wie z. B. Hirsutismus, tiefer Stimme, Klitorishypertrophie verbunden. Daher wird die Testosteron-Proprionadgabe zur Behandlung des Lichen sclerosus aktuell nicht mehr empfohlen.

Zusammenfassend handelt es sich bei dem Lichen sclerosus um eine chronische Erkrankung, eine Heilung ist nicht möglich. Therapieziel ist die Symptomfreiheit und eine Krankheitskontrolle. Die Therapien der ersten Wahl sind topische Kortikosteroide. Eine chirurgische Therapie ist nur noch bei Komplikationen indiziert. Wichtig für die betroffenen Frauen sind regelmäßige Krebsfrüherkennungsuntersuchungen (alle 6 Monate), da eine hohe Koinzidenz mit anderen intraepithelialen Neoplasien im Vulva-, Zervikal- oder auch Vaginalbereich möglich sind.

Vulväre intraepitheliale Neoplasie (VIN)

Die aktuelle Nomenklatur unterscheidet eine vulväre intraepitheliale Neoplasie Grad I–III. In die Gruppe VIN Grad III, d. h. eine schwere Dysplasie des Plattenepithels oder ein Carcinoma in situ des Plattenepithels, wurden alle früheren Untergruppierungen wie Morbus Bowen, die bowenoide Papulose, die Erythroplasie de Quevrat mit eingruppiert. Als nicht squamöse intraepitheliale Neoplasien werden heute in der aktuellen Nomenklatur der Morbus Paget und das präinvasive Melanom unterschieden. Epidemiologisch findet sich in den letzten Jahren besonders bei jüngeren Frauen ein deutlicher Anstieg der VIN-Inzidenz. Lag die Inzidenz 1945–1949 bei 0,02, so ist sie 1975–1979 auf 0,81 angestiegen. Das mittlere Erkrankungsalter ist vom 50.–60. Lebensjahr auf das 30.–40. Lebensjahr abgefallen. Ursächlich kommt hier ein Anstieg der HPV-Infektionen, insbesondere mit dem onkogenen Subtypen HPV 16 in Betracht. Als Risikofaktoren für die Entstehung einer VIN wird diskutiert ein HPV-Infekt, die Immunsuppression (HIV), Genitalinfektionen und Nikotinabusus.

Bei der VIN Grad III werden drei Typen unterschieden: Der erste Typ ist der kondylomatöse Typ, Typ zwei ist der basaloide Typ und der dritte ist der differenzierte Typ. Die ersten beiden Typen sind HPV-assoziiert, betreffen die jüngere Frau, treten multifokal auf und können in ein HPV-assoziiertes Vulvakarzinom übergehen. Der differenzierte oder dritte Typ ist HPV-negativ, betrifft die ältere Frau und kann in ein verhornendes Plattenepithelkarzinom übergehen. Die Regressionsrate bei konservativem Vorgehen des VIN Grad III wird in der Literatur mit 10–38 % angegeben, die Progressionsrate bei konservativem Vorgehen mit 2–5 %. Eine Progression zu einem invasiven Karzinom findet sich praktisch nur bei Frauen über dem 45. Lebensjahr oder bei Immunsuppression. HPV-assoziierte VIN's, also die kondylomatösen oder basaloiden Typen, zeigen ein geringes Risiko der malignen Entartung. Diese zwei Typen haben aber ein erhöhtes Rezidiv-Risiko aufgrund ihrer Multifokalität.

50 % der betroffenen Frauen haben keinerlei Beschwerden. Seltener werden Juckreiz, Brennen und Schmerzen in dem betroffenen Hautareal angegeben. Makroskopisch findet sich eine Hautverdickung, eine schuppende Oberfläche, bräunlich-bläuliche Verfärbungen und erosiv gerötete Hautveränderungen. Differentialdiagnostisch ist an einen Lichen sclerosus, an eine allergische Hautreaktion, entzündliche Hautreaktionen und an einen Morbus Crohn zu denken.

Als *diagnostische Maßnahmen* ist an erster Stelle die Inspektion der Vulva zu nennen mit Erkennung der Hautveränderungen (Farbe und Relief). Weitere diagnostische Maßnahmen wie eine Vulvoskopie mit 3%iger Essigsäure (Einwirkzeit!), der Toluidin-Blauprobe oder der Zytologie haben bei entsprechenden ärztlichen Kenntnissen einen Stellenwert. Der Goldstandard der Abklärung von Hautveränderungen im Vulvabereich ist die Biopsie zur histologischen Sicherung, und zwar eine Punch-Biopsie.

Die *Therapie* der VIN Grad I und II ist das funktionserhaltende Vorgehen.

Tabelle 2. Therapie der VIN Grad III

Funktionserhaltendes Vorgehen!
- Exzision im Gesunden mit 10 mm breiter Manschette (Messer oder Laserskalpell)
- Laservaporisation – korrekte Eindringtiefe!! 1 mm in nicht behaarter Haut, 2,5–3 mm in behaarter Haut (Hautanhangsgebilde)
  Nachteil: keine Histologie
- Skinning-Vulvektomie mit multifokalem Auftreten unter Erhalt von Klitoris, Urethra, Introitus vaginae ggf. mit Spalthauttransplantat
- einfache Vulvektomie (bei fehlender Kooperation, erschwerter Pflege, ältere Patientin)

Nach histologischer Sicherung kann zunächst unter zytologisch-kolposkopischer Kontrolle zugewartet werden. Bei Persistenz/Rezidiv oder Risikopatientinnen (z. B. HIV-positive Frauen) erfolgt die Exzision im Gesunden (entweder mit dem Messer oder CO_2-Laser). Alternativ kommt auch die destruktive CO_2-Laservaporisation in Betracht. Die Therapie der VIN Grad III ist ebenfalls das funktionserhaltende Vorgehen (Tab. 2). Es sollte die Exzision im Gesunden mit einem 10 mm breiten Sicherheitssaum erfolgen. Bei der Laservaporisation, d. h. dem Verdampfen der betreffenden Hautareale, ist es wichtig, die korrekte Eindringtiefe zu beachten. Diese sollte in nicht behaarter Haut 1 mm betragen, in behaarter Haut wegen der Hautanhangsgebilde 2,5–3 mm. Nachteil der Laservaporisation ist es, dass keine histologischen Untersuchungen möglich sind. Bei multifokalem Auftreten kommt auch die Skinning-Vulvektomie mit Erhaltung der Klitoris, der Urethra und des Introitus vaginae ggf. mit Spalthauttransplantation in Betracht. Bei fehlender Kooperation der Patientin, erschwerter Pflege und älterer Patientin und sehr ausgedehntem Befall ist auch die einfache Vulvektomie eine Therapieoption.

Zusammenfassend lassen sich bei der VIN zwei Typen unterscheiden: erstens die HPV-assoziierte Form und zweitens die HPV-negative VIN. Bei einer länger bestehenden Vulvasymptomatik sollte differentialdiagnostisch auch an eine VIN gedacht werden. Goldstandard der VIN-Diagnostik ist die Histologie mittels einer Punch-Biopsie. Therapeutisch wichtig ist das funktionserhaltende Vorgehen, da immer mehr junge Frauen betroffen sind. Wenn die Exzision im Gesunden erfolgt, ist eine Heilung möglich. Wichtig ist bei diesen Frauen eine Nachsorge wegen der Multifokalität (hohe Rezidivrate!) und der Koinzidenz mit anderen intraepithelialen Neoplasien: zervikale intraepitheliale Neoplasie (CIN) 25–30 %, vaginale (VaIN) und zervikale intraepitheliale Neoplasie 27–38 % und eine perianale intraepitheliale Neoplasie (PaIN) 22–60 %, insbesondere bei jüngeren VIN-Patientinnen.

Condylomata acuminata

Ätiologisch handelt es sich bei den spitzen Feigwarzen oder Kondylomen um HPV-assoziierte Hautveränderungen. Verursacht werden sie durch die HPV-Typen 6 und 11, den sog. Low-risk-HPV-Typen, ggf. gibt es Mischinfektionen mit High-risk-HPV-Typen. Epidemiologisch handelt es sich um eine sexuell übertragbare Erkrankung, ca. 30 % aller sexuell aktiven Menschen zwischen dem 15.–45. Lebensjahr sind HPV-positiv, und der Altersgipfel liegt zwischen dem 20. und 24. Lebensjahr. Die Übertragung erfolgt über Geschlechtsverkehr, Schmierinfektionen, Baden, kontaminierte Gegenstände (Gynäkologie). Bei Kondylomen im Kindesalter sollte ein sexueller Missbrauch in Betracht gezogen werden, da bei 43 % der Kinder mit Genitalwarzen ein Missbrauch vorlag. Die Inkubationszeit der HPV-Infektion liegt zwischen 4 Wochen bis einigen Monaten. Der gesamte Genitalbereich, d. h. Portio, Vagina, Vulva, Urethra, perianal und Analkanal, können betroffen sein.

Meistens sind die Condylomata acuminata asymptomatisch, selten verursachen sie einen Juckreiz, führen zu Brennen oder Blutungen. Wenn die Kondylome symptomatisch sind, findet sich meistens eine begleitende Kolpitis oder Zervizitis. Bei 30 % der betroffenen Frauen kommt es zu einer spontanen Heilung. Bei vielen findet sich jedoch auch Persistenz über Monate und Jahre, und wenn die Kondylome durch den Arzt diagnostiziert wurden, entsteht ein hoher Leidensdruck der Patientin, die dann auch zu einer Therapie führt. Kondylome in der Schwangerschaft sind keine Seltenheit, und nach der Entbindung kommt es häufig zu Spontanremissionen. Sehr selten kommt es zu einer malignen Entartung, und als seltene Komplikation wurde über die sog. Riesenkondylome (Buschke-Löwenstein-Tumor) berichtet.

Die *Diagnose* erfolgt klinisch. Als weiterführende Maßnahme bei unsicherer Diagnose kommt die Histologie, HPV-Diagnostik, Kolposkopie, Urethroskopie, Ano-/Proktoskopie in Betracht. Differentialdiagnostisch kommen zahlreiche gutartige Veränderungen, wie z. B. Fibromata pendulantia, aber auch maligne Veränderungen in Betracht. Differentialdiagnostisch sollte auch an infektiöse Ursachen wie Condylomata lata oder Molusca contagiosa gedacht werden.

Bei der *Therapie* kommen chirurgische Verfahren, kaustische Therapien, Immuntherapien oder Chemotherapien in Betracht (Tab. 3). Welche Therapie sollte wann durchgeführt werden? Bei einzelnen isolierten Kondylomen hat die Selbsttherapie einen wichtigen Stellenwert. Bei ausgedehnten Befunden sollte die ärztliche Therapie, und hier das chirurgische Verfahren angewandt werden. Bei den chirurgischen Verfahren hat die Lasertherapie die besten Erfolgsraten mit einer Heilungschance von annähernd 70 %. Aber

Tabelle 3. Condylomata acuminata

Therapie (entsprechend der Leitlinie der Deutschen STD-Gesellschaft (DSTDG) v. 17.06.2000)		
Selbsttherapie	Podophyllotoxin 0,5 % Lösung Podophyllotoxin 0,15 % Creme	2 × die für 3 Tage, 4 Tage Pause max. 4 Zyklen max. 10 cm², max. Tagesdosis 0,5 ml
	Imiquimod 5 %	3 × Woche über Nacht, max. 16 Wochen ggf. adjuvant
	Interferon beta-Gel	adjuvant nach Abtragung 5 × die für 4 Wochen, max. Fläche < 10 cm²
Ärztliche Therapie	Trichloressigsäure	1 × Woche, führt zu Nekrosen
	Kryotherapie	1–2 × Woche
	Chirurgische Verfahren	immer Lokalanästhesie
Problem	Alle Selbsttherapeutika nicht in Schwangerschaft Alle Behandlungsformen mit hoher Rezidivhäufigkeit 20–75 % innerhalb von 6 Monaten	

auch diese Therapie ist mit einem Rezidivrisiko von ca. 30 % behaftet, da die HP-Viren im kolposkopisch unauffälligen Hautareal sein können und diese durch die Lasertherapie nicht mit erfasst werden.

Zusammenfassend handelt es sich bei den Condylomata acuminata um die häufigste sexuell übertragbare Erkrankung. Sie führt daher zu einer hohen Durchseuchung, insbesondere bei jungen Frauen. Sind die Condylomata acuminata diagnostiziert worden, führen sie zu einem hohen Leidensdruck der betroffenen Frau. Zurzeit gibt es noch keine kausalen Therapien, und alle Behandlungsformen sind mit einer hohen Rezidivhäufigkeit (ca. 30 %) verbunden. Eine Partner-Mituntersuchung wird empfohlen.

Literatur beim Verfasser

Gynäkologie und Geburtshilfe. München, Sympomed, 2002, vol 2, pp 22–26.

Zervixkarzinom und HPV: Bedeutung der HPV-Tastung für die Praxis

A. Schneider

Universitäts-Frauenklinik, Jena, BRD

Einleitung

Der Stellenwert der HPV-Diagnostik wird in den gynäkologischen Fachzeitschriften mit zunehmender Intensität diskutiert. Es vergeht kein Monat, in dem nicht Pro und Contra der HPV-Diagnostik besprochen werden. In der folgenden Übersicht sollen daher die Problemstellung, die wissenschaftliche Datenlage, die berufs- und gesundheitspolitischen Aspekte und der Ausblick in die Prävention des Zervixkarzinoms diskutiert werden.

Problemstellung

Ca. 50 % der Frauen in Deutschland unterziehen sich regelmäßig einer zytologischen Krebsvorsorge. Trotzdem ist auch für diese Frauen das Risiko, an Gebärmutterhalskrebs zu erkranken, nicht gleich Null. Die Hälfte der Frauen, bei denen ein Gebärmutterhalskrebs diagnostiziert wird, waren in den Jahren vor Diagnosestellung zur Vorsorgeuntersuchung. Zudem wird auf die Diagnose eines auffälligen Abstriches oft nicht adäquat reagiert. Eine kolposkopische Evaluierung bei zytologischer Diagnose Pap III D ist nicht Standard, und durch zytologische Kontrollen kann die Diagnose einer schwergradigen Präkanzerose oder eines Karzinoms verschleppt werden [3]. 6000 Frauen erkranken jährlich am Gebärmutterhalskrebs in Deutschland. Eine Änderung des gegenwärtigen Systems erscheint notwendig.

Datenlage

Der Nachweis von High-risk (HR) HPV-Typen kann zur *Triagierung* von Frauen eingesetzt werden, bei denen ein abnormaler zytologischer Abstrich diagnostiziert wurde (Pap Klasse IIw oder Pap Klasse III). Die Sensitivität für die Identifizierung von Frauen mit zervikaler intraepithelialer Neoplasie (CIN) II. oder III. Grades oder Karzinom liegt bei 96 %, verglichen mit 85 % für die zytologische Untersuchung [6]. Auch der positive Vorhersagewert des HR-HPV-Nachweises ist signifikant höher: 19,6 % versus 16,5 %. Für das amerikanische Gesundheitssystem konnte gezeigt werden, dass der Nachweis von HR-HPV bei Frauen mit zytologisch unklaren Veränderungen kosteneffizienter ist als eine wiederholte zytologische Untersuchung [2].

Der Nachweis von HR-HPV im Rahmen des *Screenings* zur Erkennung von CIN II oder III oder invasivem Karzinom ist signifikant empfindlicher als die zytologische Untersuchung (89 % versus 20 %) [5], (68 % versus 27 %) [4]. Dafür liegt die falsch-positive Rate des HR-HPV-Nachweises signifikant höher (5,16 % versus 0,27 %) [5]. Die hohe falsch-positive Rate wird durch den natürlichen Ablauf der Infektion erklärt: Viele junge Frauen werden mit Beginn der sexuellen Aktivität durch genitale humane Papillomviren infiziert. Innerhalb von einem Jahr lässt sich jedoch bei 80 % der Infizierten HPV nicht mehr nachweisen, und die Infektion hat keinen Krankheitswert mehr. Daher ist im Rahmen des Screenings bei jungen Frauen der fehlende HR-HPV-Nachweis wichtiger einzustufen als der positive HR-HPV-Nachweis: Bei negativem HR-HPV-Nachweis ist das Vorliegen einer schwergradigen Krebsvorstufe oder eines Karzinoms extrem selten. Zudem sinkt die Nachweisrate bei Wiederholung der HPV-Untersuchung um mehr als 50 % ab, so dass durch wiederholte Untersuchung die Größe der zu untersuchenden Kohorte eingeschränkt werden kann.

Bei leichtgradigen Krebsvorstufen kann das Risiko einer *Progredienz* durch einen wiederholten HR-HPV-Nachweis mit hoher Zuverlässigkeit, bei jedoch geringer Spezifität vorausgesagt werden. Auch hier gilt, dass der fehlende HR-HPV-Nachweis bei einmaliger oder wiederholter Untersuchung auf eine Regression von leichtgradigen Präkanzerosen hinweist. Wiederholter Nachweis von HR-HPV-DNA, Integration von HR-HPV-DNA, erhöhter Virusload von HR-HPV und/oder Nachweis von bestimmten HR-HPV-Varianten können als potentielle Progressionsmarker eingesetzt werden.

Der Nachweis von High-risk-HPV zeigt bei Zustand nach Konisation *Persistenz oder Rezidiv* von CIN zuverlässiger als die zytologische Untersuchung an.

Als *HPV-Nachweissysteme* steht für die Routine der Hybrid-Capture-II-Test zur Verfügung. Zudem verfügen verschiedene Labors über die Möglichkeit, HR-HPV mittels PCR-basiertem Verfahren nachzuweisen. Beide Methoden sind valide, andere Methoden nur von eingeschränkter Wertigkeit. Die Übereinstimmungsrate zwischen Hybrid Capture II und PCR-Verfahren liegt zwischen 80–90 % [7].

Politik

Die Diskussion über den Stellenwert der HPV-Diagnostik und Indikation zum HPV-Nachweis wird zwischen Gynäkologen, Zytologen und Pathologen kontrovers geführt. Die zytologische Vorsorgeuntersuchung ist ein subjektives Verfahren mit schwer durchführbarer Qualitätskontrolle. Jeder Abstrich enthält zwischen 50 000 und 200 000 Zellen. Veranschlagt man für die Untersuchung für eine Zelle eine Sekunde, so würde die Analyse eines Abstriches zwischen 14 und 56 Stunden dauern [1]. Werden nur 5 min pro Abstrich verwendet, so müssen pro Sekunde 167–668 Zellen evaluiert werden. Es lag daher auf der Hand, das menschliche Auge durch automatisierte Analysesysteme zu unterstützen oder zu ersetzen. Nicht zuletzt wegen der hohen Kosten haben sich aber in der zytologischen Routinediagnostik Automatisierungskonzepte bisher nicht durchgesetzt. Das methodenimmanente Qualitätsproblem der zytologischen Untersuchung kann durch einen standardisierten HPV-Nachweis potentiell eliminiert werden. Ein Einsatz des HPV-Tests in der klinischen Routine ist möglich. GKV und PKV erkennen die Diagnose Pap Klasse IIw, Pap Klasse III und Pap Klasse III D sowie »Zustand nach zervikaler intraepithelialer Neoplasie«, »Zustand nach Konisation« und das »Vorliegen einer kolposkopischen Auffälligkeit« als Indikationen zur HPV-Testung an. Für das Screening kann der HPV-Test als individuelle Gesundheitsleistung angeboten werden. Der Preis für eine Untersuchung auf High-risk-HPV variiert hier zwischen 50 und 400 Euro.

Ausblick

Die Einführung eines HPV-Screenings durch die GKV ist im Moment nicht zu erwarten: Die Qualität des HR-HPV-Tests unter Routinebedingungen ist nicht evaluiert, und qualitätssichernde Maßnahmen wurden bisher nicht etabliert. Nicht zu vergessen sind psychische und physische Belastungen der betroffenen Frauen bei der Diagnose »positiv für High-risk-

HPV«, wenn man weiß, dass ein Großteil dieser Infektionen innerhalb eines Jahres nicht mehr nachweisbar sind. Trotzdem erscheint der Einsatz des HPV-Nachweises unter den oben genannten Indikationen, die von der GKV anerkannt sind, sinnvoll, wenn die Gynäkologin und der Gynäkologe den Befund richtig interpretieren. Der gezielte Einsatz von Kolposkopie und das Vermeiden einer Übertherapie sowie die kompetente Beratung ohne Verunsicherung sind hier wichtige Bestandteile des ärztlichen Handelns.

Gleiches gilt für den HPV-Nachweis im Rahmen des Screenings als individuelle Gesundheitsleistung: Die wissenschaftliche Datenlage zeigt, dass mit dem HPV-Nachweis eine schwergradige Präkanzerose oder ein Karzinom sicherer erkannt werden können. Auch hier ist entscheidend, dass das HPV-Ergebnis richtig interpretiert wird. Zudem kann eine Frau, die sich einem HPV-Test unterzieht, aus einem negativen HR-HPV-Ergebnis vermehrte Sicherheit gewinnen, da sie weiß, dass das Risiko für das Vorliegen und das Entwickeln eines Gebärmutterhalskrebses extrem gering ist. Nicht vergessen sollte man, dass erste Impfstudien mit HPV-Vakzinen laufen und bereits mit ermutigenden Resultaten abgeschlossen wurden. Die Sicherheit, Verträglichkeit und Induktion spezifischer Immunantworten wurden zum Teil von kurativen Effekten begleitet. Es ist daher davon auszugehen, dass innerhalb der nächsten 10 Jahre prophylaktische und therapeutische Impfstoffe zur Verfügung stehen werden. Gerade bei der Frage, ob eine therapeutische Impfung notwendig ist, ist es wichtig, der Rat suchenden Frau einen HPV-Test anzubieten. Hier ist die Gemeinschaft der Gynäkologinnen und Gynäkologen aufgerufen, sich aktiv mit diesem Thema auseinander zu setzen und valide Strategien zu entwickeln.

Take-Home-Message

– Der Nachweis von HR-HPV zur Erkennung von CIN oder Zervixkarzinom ist sensitiver als die zytologische Untersuchung.

– Bei negativem High-risk-HPV-Nachweis ist das Vorliegen von CIN oder Zervixkarzinom extrem selten.

– Bei zytologisch unklaren Veränderungen ist die Triage mit High-risk-HPV-Nachweis kosteneffizienter als eine Wiederholung der zytologischen Untersuchung.

– Durch die GKV wird der HR-HPV-Test zur Abklärung von Pap IIw, III oder III D sowie zur Kontrolle nach Konisation oder bei Vorliegen von kolposkopischen Auffälligkeiten bezahlt.

– Der HR-HPV-Test im Rahmen des Screenings kann als individuelle Gesundheitsleistung angeboten werden.

Literatur

1 Godfrey SE: The Pap amcar, automated rescreening, and negligent nondisclosure. Am J Clin Pathol 1999;111:14–17.

2 Manos MM, Kinney WK, Hurley LB, Sherman ME, Shieh-Ngai J, Kurman RJ, Ransley JE, Fetterman BJ, Hartinger JS, McIntosh KM, Pawlick GF, Hiatt RA: Identifying women with cervical neoplasia: using human papillomavirus DNA testing for equivocal Papanicolaou results. JAMA 1999;281:1605–1610.

3 Petry KU, Böhmer G, Iftner T, Davies P, Brummer O, Kühnle H: Factors associated with an increased risk of prevalent and incident grade III cervical intraepithelial neoplasia and invasive cervical cancer among women with Papanicolaou tests classified as grades I oder II cervical intraepithelial neoplasia. Am J Obstet Gynecol 2002;186:28–34.

4 Ratnam S, Franco EL, Ferenczy A: Human papillomavirus testing for primary screening of cervical cancer precursors. Cancer Epidemiol Biomarkers Prev 2000;9:945–951.

5 Schneider A, Hoyer H, Lotz B, Leistritz S, Kühne-Heid R, Nindl I, Müller B, Haerting J, Dürst M: Screening for high grade cervical intraepithelial neoplasia and cancer by testing for high risk HPV, routine cytology or colposcopy. Int J Cancer 2000;89:529–534.

6 Solomon D, Schiffman M, Tarone R: Comparison of three management strategies for patients with atypical squamous cells of undetermined significance: baseline results from a randomized trial. J Natl Cancer Inst 2001;93:293–299.

7 Yamazaki H, Sasagawa T, Basha W, Segawa T, Inoue M: Hybrid capture-II und LCR-E7 PCR assays for HPV typing in cervical cytologic samples. Int J Cancer 2001;94:222–227.

Gynäkologie und Geburtshilfe. München, Sympomed, 2002, vol 2, pp 27–31.

Neue Strategien in der Urogynäkologie

E. Petri

Frauenklinik, Schwerin, BRD

Einleitung

Grundsätzlich sollte vor jeder chirurgischen Behandlung das gesamte Arsenal der konservativen Möglichkeiten ausgeschöpft sein, selbstverständlich die zumindest lokale Östrogenisierung aller postmenopausalen Frauen, Miktionstraining, Beckenbodengymnastik, Konen und Pessare (auch als klinischer Test). Die Kenntnis eines möglichen paravaginalen Defektes zwingt zur differenzierten Betrachtung des Deszensus – nicht jede »hühnereigroße Zystozele« darf mit einer vorderen »Plastik« versorgt werden. Senkungen sollten nur bei subjektiven Beschwerden (z. B. obstruktive Miktion, Druck-Senkungsgefühl) oder klinischen Komplikationen (Restharn, rezidivierende Harnwegsinfekte) korrigiert werden; nur die Pulsionszystozele bei zentralem Beckenbodendefekt (ausgestrichenes Scheidenepithel – »Glatze«) ist Indikation für den vaginalen Zugang, die paravaginale Hernie kann von Experten in einem anspruchsvollen Eingriff von vaginal, besser aber bei ohnehin zusätzlichem Inkontinenzeingriff von abdominal angegangen werden. Prospektiv randomisierte Studien und eine Vielzahl von Metaanalysen lassen die geeigneten Methoden erkennen, welche als Ersteingriff in der Kolposuspension oder der Einlage einer spannungsfreien Vaginalschlinge (TVT) bestehen, in Einzelfällen auch eine traditionelle Schlingenplastik indiziert sein lassen. Als Ersteingriff nicht mehr routinemäßig zu empfehlen sind vaginale Plastiken, Nadelsuspensionen und die verschiedenen Substanzen zur intra- und periurethralen Injektion (Abb. 1).

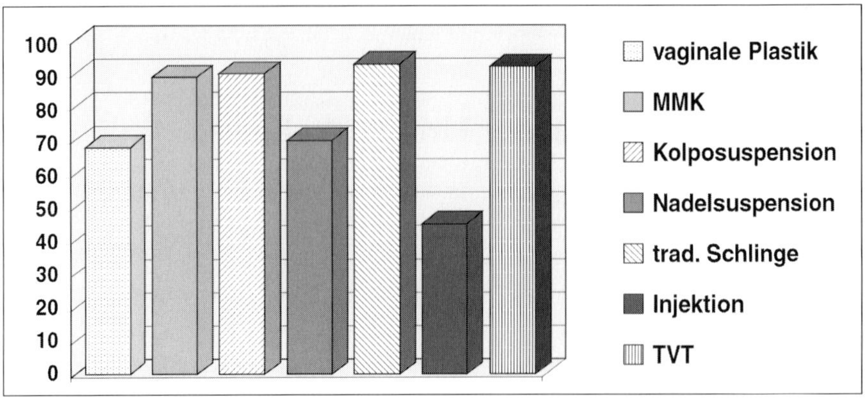

Abbildung 1. Meta-Analyse der publizierten Erfolgsraten verschiedener Operationstechniken.

Therapeutisches Dilemma

Die operative Behandlung von Harninkontinenz und Deszensusbeschwerden hat zum Ziel, die urogenitale Funktionsstörung zu beheben, relevante (symptomatische) anatomische Defekte zu rekonstruieren. Urodynamische und morphologische Untersuchungen der letzten Jahre haben unser Verständnis für die vielfältige Ätiologie und die Pathomechnismen der verschiedenen Formen der weiblichen Harninkontinenz erweitert. Geht man davon aus, dass bei Operationen, beeinflusst durch Alter, Parität und konstitutionelle Beeinträchtigung der Funktion der glatten und quer gestreiften Muskulatur, der Vaskularisierung und des Kollagengehalts des Bindegewebes, Verletzungen von Nerven, Gefäßen, Epithelien, des Bindegewebes und der Muskulatur verursachen werden, so müssen Nutzen und Risiko der Operation wohl abgewogen werden. Schon kleine Gewebeschädigungen in funktionell empfindlichen Regionen, noch mehr aber die großen, so genannten operativen Gesamtkonzepte können durch irreversible Zerstörungen funktionell mehr schaden als nützen (*Eberhard* 1989, *Petri* 1993).

Das zweite Problem besteht darin, dass eine korrekte anatomische Rekonstruktion nicht auch zwingend eine Wiederherstellung der Funktion nach sich zieht. Eine anatomische Sanierung des Deszensus kann die Kontinenz verschlechtern, eine operative Heilung der Stressinkontinenz den Beckenboden destabilisieren und zu Deszensusbeschwerden führen. Auch bewährte Standardoperationen können funktionelle Störungen wie Reizblasen-, Miktions- und Kohabitationsbeschwerden auslösen und Rezidive nicht immer verhindern. Mischformen einer Sphinkterinkompetenz mit nicht stressbedingten Inkontinenzformen erschweren nicht nur die Diagnostik, sondern auch den therapeutischen Ansatz. Aus diesen Gründen sind 100 %ige Erfolgsraten bei der Behandlung der weiblichen Harninkontinenz unmöglich.

Pharmakologische, physiotherapeutische, aber auch rein operative Therapien können immer nur Teilkomponenten korrigieren, unmöglich aber eine Restitutio ad integrum von Topographie, Funktion, Innervation, Durchblutung, Hormonstatus usw. erreichen. Das Versagen des Verschlussmechanismus der Harnblase der Frau ist ein komplexes Geschehen; hieraus wird verständlich, dass es *das* Operationsverfahren zur Behandlung der weiblichen Harninkontinenz nicht geben kann. Eine möglichst erfolgreiche Behandlung der weiblichen Harninkontinenz verlangt verschiedene therapeutische Angriffspunkte unter komplettem Ausschöpfen des Spektrums konservativer und operativer Therapien.

Bestehen Diskrepanzen zwischen subjektivem Beschwerdebild und klinischem Befund, bedarf es der vollen Ausschöpfung des diagnostischen Spektrums.

Kolposuspension

Als »Goldstandard« galt bis in die jüngste Zeit die Kolposuspension in Abwandlung der von *Burch* 1961 beschriebenen Technik. Modifikationen der Originalmethode hatten sich als sinnvoll erwiesen, nachdem die vollständige Adaptation von Scheidenfaszie und Cooper'schem Ligament zwar gute Heilungserfolge bezüglich der Harninkontinenz zeitigen konnte, jedoch einmal bei peri- und postmenopausalen Frauen wegen der fehlenden Mobilität der Scheide ohne Vorbehandlung gelegentlich technisch unmöglich ist, zusätzlich in hohem Maße mit obstruktiven Miktionsbeschwerden, sekundären Drangsymptomen und anderen Komplikationen behaftet war. Es wird heute eine lockere Approximation (aufgrund des fehlenden Gewebskontaktes unter Verwendung nicht resorbierbarer Nahtmaterialien) empfohlen und damit auch bei großen Patientenkollektiven und ausreichend langen Nachkontrollen sehr gute Ergebnisse erzielt. Selbst bei Langzeitbeobachtungen über 5 bis 18 Jahre werden noch Kontinenzraten bis über 80 % angegeben. Wie eingangs erwähnt, darf nicht nur das Erreichen der Kontinenz als Erfolgskriterium gelten, sondern es müssen Blasenentleerungsstörungen zwischen 2 und 7 %, iatrogene Drangsymptome zwischen 8 und 27 % und, bedingt durch die Kranioventralverlagerung der vorderen Vaginalwand bei gleichzeitigem Aufziehen des Douglas'schen Raumes, Enterozelen und Rektoenterozelen zwischen 2,5 bis 26,7 % in Kauf genommen werden (*Jarvis* et al 1999, *Demirci* und *Petri* 1999).

In der eigenen Erfahrung mit mittlerweile > 2500 modifizierten Kolposuspensionen lässt sich die Komplikationsrate bei gleichzeitiger Reduktion der Größe des operativen Zuganges und der Präparation durch eine wohl dosierte, nur geringe Elevation der Scheide, frühes Blasentraining und im Rahmen der physiotherapeutischen Nachbetreuung wiederholte Hinweise zur Optimierung des Miktionsverhaltens auf Bereiche zwischen 2 bis 4 % reduzieren.

Tension-free vaginal tape (TVT)

Aufgrund ausgedehnter anatomischer Voruntersuchungen haben *Ulmsten* und *Petros* nachweisen können, dass das Punctum maximum der Druckübertragung auf die Harnröhre unter Belastungsbedingungen im Bereich des Überganges des mittleren zum äußersten Urethraldrittel liegt. Anatomisch ist diese Region gleichzusetzen mit der Verankerung der Urethra durch die Ligg. pubourethralia, welche z.B. im Rahmen des Geburtsvorganges durch tangentiale Scherkräfte abreißen können, somit die Harnröhre einer suffizienten Verankerung verlustig geht. Auf dem Boden dieser funktionellen und anatomischen Untersuchung entwickelten sie die Technik der »spannungsfreien Vaginalschlinge«, welche weder eine Elevation noch Obstruktion bewirken soll, sondern lediglich als Matrix für eine Neufixation der Urethra durch Einsprossen von Fibroblasten dient. Der große Vorteil der Originalmethode ist die mögliche Durchführung in Lokalanästhesie, welche eine Kooperation der Patientin bei der endgültigen Platzierung des Bandes zur Vermeidung von Überkorrekturen erlaubt. Bei > 180000 bisher durchgeführten Operationen weltweit sind die Erfolge ermutigend, in der eigenen Erfahrung unter fast ausschließlicher Durchführung in Lokalanästhesie liegen die Erfolge im Bereich der Kolposuspension, wobei die geringe Invasivität und kurze Hospitalisation für diese neue Technik sprechen. In den Händen mit dieser Technik erfahrener Operateure ist es sicher möglich, auch Kombinationen einer Beckenbodenrekonstruktion oder z.B. Hysterektomie in Regional- oder Allgemeinanästhesie durchzuführen; grundsätzlich würden wir in der Lernphase vor allem Anfängern dringend raten, beim »Kochbuch« zu bleiben und die Methode auf jene Frauen zu beschränken, bei denen eine reine Stressinkontinenz ohne korrekturbedürftige Begleitpathologie besteht und eine Durchführung in Lokalanästhesie möglich ist.

Es liegen mittlerweile 5-Jahres-Ergebnisse mit objektiven Nachkontrollen und Ergebnisse zur Operation bei hypotoner Urethra und gemischter Stress-

Drang-Inkontinenz vor, die mit Erfolgsraten weit > 80 % ermutigend sind. Die TVT-Technik wird nach Klärung der Finanzierung (z. B. Vereinbarung von Zuschlägen zum Sonderentgelt oder am besten eigene Fallpauschale, welches die Frage der ambulanten oder stationären Durchführung regeln würde) sicher zukünftig vor allem bei anatomisch unkomplizierten Primärfällen und bei Risikopatientinnen eine wesentliche Indikation erhalten, ohne allerdings alle anderen Methoden der Inkontinenzchirurgie ersetzen zu können. Langzeitkontrollen und vor allem randomisierte Vergleichsstudien müssen nicht nur zeigen, ob die sehr guten Heilungsquoten der ersten 3–5 Jahre Bestand haben, sondern vor allem welche Komplikationen durch das alloplastische Material entstehen können. Aufgrund dieser offenen Fragen sind wir im Einsatz dieser Methode bei sehr jungen Frauen zurückhaltend.

Literatur beim Verfasser

Gynäkologie und Geburtshilfe. München, Sympomed, 2002, vol 2, pp 32–36.

Vor- und Nachteile der Hormonersatztherapie

L. Kiesel, A. Kammerer

Universitäts-Frauenklinik, Münster, BRD

Einleitung

Die Anwendung von Hormonen während und nach den Wechseljahren behebt nicht nur unangenehme Symptome des Östrogen-Abfalles (Hitzewallungen, Blutungsunregelmäßigkeiten, psychische Verstimmungen oder Trockenhaut von Haut und Schleimhäuten), sondern beeinflusst gleichzeitig weit mehr Organsysteme (Knochen, Muskulatur und Bindegewebe, Herz-Kreislauf und zerebrale Funktionen) in ausgeprägter Form. Zudem wirkt die Hormonsubstitution Androgenisierungserscheinungen sowie der Atrophisierung des weiblichen Genitales entgegen (Abb. 1).

Die positiven Effekte werden relativiert durch eine geringfügige Erhöhung sowohl des Mammakarzinom- als auch des Thrombose-Risikos sowie durch potentielle Unverträglichkeit im Sinne von Ödembildung mit Gewichtszunahme und depressiver Verstimmungen aufgrund des Gestagenanteiles.

Psychovegetative Symptome

Die Hormonzufuhr führt zur unverzüglichen Linderung der psychovegetativen Veränderungen wie Hitzewallungen, Schweißausbrüchen, Schlafstörungen und Herzrasen. Weiterhin können auch Symptome wie Müdigkeit, Reizbarkeit, Nervosität und depressive Verstimmung durch eine sachgerechte Östrogensubstitution behoben werden. Als pharmakologisch bedingte Nebenwirkungen zeigen Östrogene durch ihre Eigenschaft der Rehydratisierung die Tendenz zur Ödembildung, während Gestagene depressive Verstim-

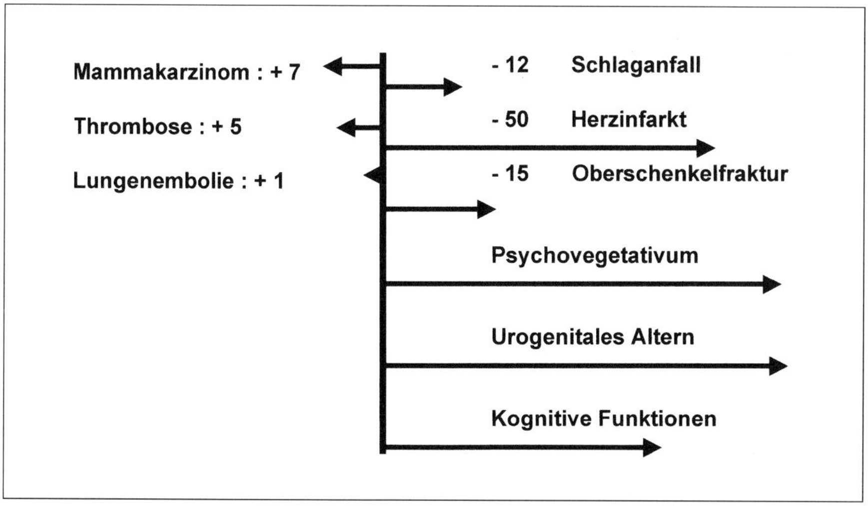

Abbildung 1. Vor- und Nachteile der Hormonersatztherapie.

mungen und Antriebslosigkeit hervorrufen können. Perimenopausale Blutungsunregelmäßigkeiten lassen sich normalisieren.

Atrophisierungserscheinungen

Haut und Schleimhäute verlieren durch Östrogenmangel die Fähigkeit zur Wassereinlagerung und damit an Elastizität. Die Symptome der atrophischen Hautveränderungen im Genitalbereich (Trockenheitsgefühl, Jucken und Brennen sowie konsekutiv erhöhte Infektanfälligkeit und eventuelle Dyspareunie) sowie extragenitale Symptome (nachlassende Bildung von Tränenflüssigkeit mit Hornhautirritationen) als auch kosmetische Alterationen der Haut lassen sich durch eine Hormonersatztherapie positiv beeinflussen und steigern damit das Wohlbefinden der Betroffenen.

Östrogene beugen Androgenisierungserscheinungen wie Akne, Seborrhoe, Hirsutismus und progredientem Haarausfall wirksam vor. Darüber hinaus fördern sie die Bildung und den Umsatz von Kollagen, steigern die Durchblutung und die Rehydratisierung von Bindegewebe, Gelenken und Muskeln. Dadurch kann sowohl einer Harninkontinenz als auch konsekutiven Harnwegsinfektionen vorgebeugt werden.

Knochendichte

Der postmenopausalen Osteoporose als einer der häufigsten Erkrankungen im fortgeschrittenen Lebensalter liegen multiple Ursachen zugrunde. Östrogenmangel gilt als einer von zahlreichen Risikofaktoren, wie z. B. genetische Disposition, niedrige Knochenmasse, Untergewicht, gastroenterale Resorptionsstörungen. Eine frühzeitige Ovarialinsuffizienz oder Ovarektomie erhöht das Risiko einer Osteoporoseentwicklung im hohen Lebensalter. Der perimenopausale Östrogenentzug führt zu einer zunehmenden Knochenresorption sowie zu einer Modulation der Kalzitonin- und Parathormonwirkung. Durch Zufuhr von Östrogenen kann der Entstehung einer postmenopausalen Osteoporose vorgebeugt werden. Körperliche Aktivität und ausreichende Kalziumzufuhr bilden eine weitere wesentliche Voraussetzung für die Unterstützung des Knochenstoffwechsels. Bei manifester Osteoporose ist eine zusätzliche spezifische Behandlung erforderlich. Neben natürlichen Östrogenen können auch einige Gestagene die präventive Wirkung unterstützen. Auch Tamoxifen sowie Raloxifen haben am Knochen östrogen-agonistische Wirkung und somit einen positiven Einfluss auf die Knochendichte.

Kardiovaskuläre Erkrankungen

Nach der Menopause wird eine Zunahme von kardiovaskulären Erkrankungen aufgrund atherosklerotischer Gefäßveränderungen beobachtet. Fettstoffwechselveränderungen gelten als wichtigster Faktor für die Pathogenese der Herz-Kreislauf-Erkrankungen. Klinische Studien lassen vermuten, dass Östrogene über ihren vasodilatorischen Effekt günstige Auswirkungen auf das kardiovaskuläre System besitzen und sich somit die Inzidenz von Herz-Kreislauf-Erkrankungen reduzieren lässt. Bei bestehenden Herz-Kreislauf-Erkrankungen (Angina pectoris, fortgeschrittene Atherosklerose oder Zustand nach Herzinfarkt) sollte von einer Hormonersatztherapie als sekundärer Präventionsmaßnahme abgesehen werden.

Auch für Raloxifen konnte in Tierexperimenten eine signifikante antiatherosklerotische Wirkung nachgewiesen werden.

Vorliegende epidemiologische Daten weisen auf eine geringfügige Erhöhung des relativen Risikos venöser thrombembolischer Erkrankungen unter Hormonersatztherapie hin. Das absolute Risiko steigt pro Jahr von etwa 1–2 auf 2–4 Fälle pro 10000 Frauen an, vor allem zu Beginn der Therapie. Bei familiärer Thrombophilie kann durch eine Hormonsubstitution das Thromboserisiko erheblich gesteigert werden. Bei sachgerechter Thromboseprophylaxe besteht keine Notwendigkeit, vor Operation die Hormontherapie abzusetzen.

Zentrales Nervensystem

Altersspezifische Symptome als Konsequenz des Östrogenmangels im Zentralnervensystem bestehen einerseits in psychischen Alterationen im Sinne von depressiven Verstimmungen, Antriebslosigkeit, Müdigkeit, Reizbarkeit und Nervosität, andererseits in Veränderungen der kognitiven Leistungen wie Konzentrations- und Merkfähigkeit. Östrogene fördern die Endorphinbildung und besitzen eine neuroprotektive und antidegenerative Wirkung. Neuere epidemiologische Studien zeigen einen retardierenden Einfluss auf Beginn und Verlauf der Alzheimer-Demenz unter Östrogenersatztherapie bei perimenopausalen Frauen und legen insofern die Vermutung präventiver Wirkung der Östrogenbehandlung nahe.

Tamoxifen und Raloxifen lassen ebenfalls östrogenagonistische Wirkungen auf das Zentralnervensystem erkennen.

Mammakarzinom

Die Metaanalyse der in den letzten Jahren durchgeführten Studien zeigt einerseits die Erhöhung des relativen Risikos für die Erkrankung an Brustkrebs, andererseits die Senkung der Mortalität der durch Brustkrebs Betroffenen. Jedes Jahr der Hormoneinnahme erhöht das relative Risiko um 2,3 % (im Vergleich erhöht auch jedes Jahr des späteren Einsetzens der Menopause das Risiko um 2,8 %). Das relative Risiko wird in den einzelnen Studien auf 1,14–1,49 bei einer Einnahme von weniger als fünf Jahren und zwischen 1,35–2,18 bei einer Einnahme von mehr als fünf Jahren geschätzt.

Unterschiede zwischen den verschiedenen Östrogenen und Gestagenen hinsichtlich ihres Einflusses auf das Mammakarzinomrisiko sind nicht nachgewiesen. Es gibt keinen Hinweis auf einen Schutzeffekt der Gestagene hinsichtlich des Mammakarzinomrisikos.

Ein bereits behandeltes Mammakarzinom stellt keine absolute Kontraindikation dar.

Nach Absetzen der Hormoneinnahme ergeben sich in unterschiedlichen Studien divergente Ergebnisse. Die Nurses Health Study (1991) zeigt den sofortigen Rückgang des Brustkrebsrisikos, während in der Metaanalyse aller Studien kein Rückgang des relativen Risikos bemerkt werden konnte.

Trotz erhöhter Inzidenz der Brustkrebserkrankung resultiert eine Senkung der Mortalität auf ein relatives Risiko von 0,84. Im Rahmen einer Hormonsubstitutionstherapie befinden sich Patientinnen in kontinuierlicher ärztlicher Betreuung, eine Brustkrebserkrankung wird deutlich früher diagnostiziert, zeigt differenziertere Karzinome und wird schneller adäquat behandelt.

Gynäkologische Karzinome

Während die reine Östrogensubstitution zu einer deutlichen Erhöhung des Erkrankungsrisikos an einem Endometriumkarzinom führt, reduziert die kombinierte Östrogen-/Gestagentherapie die Entstehung eines Endometriumkarzinoms auf ein relatives Risiko von 0,2–0,4. Die eindeutige Protektion lässt bei nicht-hysterektomierten Frauen nur die Kombinationstherapie als Therapie der Wahl bestehen.

Eine Erhöhung des Zervix- und Ovarialkarzinomrisikos im Rahmen einer Hormonsubstitutionstherapie lässt sich nicht nachweisen. Bei Erkrankung an genannten Neoplasien besteht keine Kontraindikation zur Hormonersatztherapie.

Literatur beim Verfasser

Gynäkologie und Geburtshilfe. München, Sympomed, 2002, vol 2, pp 37–41.

Diagnostik im Rahmen der Sterilitätsbehandlung

R. Felberbaum, M. Ludwig, K. Diedrich

Universitäts-Frauenklinik, Lübeck, BRD

Einleitung

Voraussetzung einer suffizienten Sterilitätstherapie ist zunächst eine sinnvolle Diagnostik zur Ursachenfindung und zur Optimierung der Therapieplanung. Ferner muss jede Diagnostik auch beachten, dass eine Schwangerschaft geplant ist und insofern auch hinsichtlich der Schwangerschaft eine zusätzliche Diagnostik sinnvoll ist. Hierzu gehört bei der Frau

- Blutgruppenbestimmung
- Rötelntiter
- zervikaler Chlamydienabstrich

So kann bereits vor einer Schwangerschaft eine Rötelnimpfung gegeben und ein bestehender Chlamydieninfekt saniert werden. Darüber hinaus sollte bei beiden Partnern eine infektiologische Abklärung hinsichtlich einer Hepatitis B und ggf. C, sowie einer HIV-Infektion durchgeführt werden, um nicht während der Behandlung eine Infektion des möglicherweise noch nicht betroffenen Partners herbeizuführen. Ferner ist von besonderer Bedeutung, dass stets die Diagnostik bei Mann und Frau parallel durchgeführt wird, um nicht zunächst – wie immer noch häufig praktiziert – eine Maximaldiagnostik einschließlich einer Laparoskopie zur Abklärung des Tubenfaktors durchzuführen, um dann anschließend bei negativem Befund ein Spermiogramm zu planen.

Das Erstgespräch

Dem Erstgespräch, optimal mit beiden Partner, kommt im Rahmen der Sterilitätsbehandlung eine besondere Bedeutung zu. Hier wird – oft zum ersten Mal – mit beiden Partnern das gemeinsame Problem thematisiert und eine gemeinsame Anamnese erhoben.

Das Erstgespräch sollte mit der Komplettierung notwendiger Blutentnahmen sowie zumindestens einer gynäkologischen Untersuchung inkl. eines transvaginalen Ultraschalls bei der Frau enden. So kann man innerhalb kürzester Zeit ein Maximum an Information erhalten.

Die körperliche Untersuchung des Mannes gehört in das Gebiet des erfahrenen Andrologen. Wenn also der Gynäkologe selbst nicht über eine solche Erfahrung verfügt, sollte hier ein entsprechender Fachkollege involviert werden. Während des Erstgespräches sollten neben der einfachen Frage nach der Dauer des Kinderwunsches erhoben werden:

Gynäkologische Anamnese

- Menarche
- Zyklusanamnese
- Dysmenorrhoe, Dyspareunie
- Gynäkologische Operationen
- Vorangegangene Adnexitiden
- Vorangegangene Schwangerschaften und deren Verläufe einschließlich Schwangerschaftskomplikationen und -erkrankungen
- Evtl. vorliegende Histologien und genetische Untersuchungen von Abortmaterial

Allgemeine medizinische Anamnese

- Voroperationen
- Anamnestische Faktoren, die ein Risiko für eine hormonelle Stimulation darstellen (z.B. kardiovaskuläre Erkrankungen, Nikotinabusus etc.)

Familienanamnese

- Bekannte Disposition für die Entwicklung genetischer Erkrankungen
- Nahe Verwandte mit habitueller Abortneigung
- Nahe Verwandte mit Fehlbildungen

Sozialanamnese

- Berufliche Tätigkeit als Hinweis auf eine Exposition gegenüber toxischen Substanzen

Sexualanamnese

- Frequenz des Geschlechtsverkehrs
- Intravaginale Ejakulation
- Dyspareunie

Andrologische Anamnese

- Eintritt der Pubertät, Stimmmutation, Bartwuchs
- Maldescensus testis in der Kindheit
- Mumpserkrankung im Kindesalter
- Entzündliche Vorerkrankungen des Hodens
- Allgemeinanamnese inkl. onkologischer Vorerkrankungen
- Medikamenteneinnahme

Der gemeinsame Termin für ein Erstgespräch ist nicht zuletzt deswegen von Bedeutung, um beiden Partnern von vornherein zu verdeutlichen, dass es sich stets um ein gemeinsames Problem und damit auch um eine gemeinsame Therapie handelt.

Diagnostik bei der Frau

Im Rahmen des Zyklusmonitoring sollte zunächst ein basaler Hormonstatus zwischen dem 3. und 5. Zyklustag angestrebt werden. Hier werden bestimmt:

- LH (Luteinisierendes Hormon)
- FSH (Follikel stimulierendes Hormon)
- Östradiol (E_2)
- Progesteron (P4)
- Prolaktin
- Testosteron
- ggf. Androstendion
- Basales TSH (Thyreoidea stimulierendes Hormon), bei auffälligem TSH zusätzlich fT3 (freies Trijodthyronin) und fT4 (freies Thyroxin)
- Cortisol (tageszeitabhängig; daher bei auffälligen Werten Kontrolle im nüchternen Zustand um 8.00 Uhr morgens)
- 17-OHP (17-Hydroxy-Progesteron) als Hinweis auf einen kongenitalen 21-α-Hydrolase-Mangel (zyklusabhängig, daher bei auffälligen Werten Kontrolle am 3.–5. Zyklustag bzw. ACTH-Kurztest)

Bei weitergehenden Auffälligkeiten der Schilddrüsen- oder Nebennierenrindendiagnostik, des Prolaktins oder anderer Hormonparameter sollte die Patientin einem entsprechend geschulten Endokrinologen zur weiteren Abklärung vorgestellt werden.

Die Patientin wird dann für den 11. Zyklustag wieder einbestellt, um per Transvaginalsonographie Follikulometrie und Endometriummessung durchzuführen. Dies kann durch Messung von Östradiol und ggf. LH ergänzt werden. Bei Vorhandensein eines präovulatorischen Follikels $\geq$ 17 mm sollten täglich Östradiol und LH kontrolliert werden, um den Zeitpunkt der Ovulation bestimmen zu können. Zwei Tage nach der errechneten Ovulation kann dann durch eine Transvaginalsonographie ein LUF-Syndrom (luteinized unruptured follicle syndrome) ausgeschlossen werden. Mehrfache Bestimmungen des Progesterons am 5., 7. und 9. Tag nach der Ovulation helfen, eine Lutealphaseninsuffizienz sicher auszuschließen.

Eine Beurteilung des Zervikalmucus am Tag der Ovulation sowie die Durchführung eines Postkoitaltests mag helfen, die Entscheidung für oder wider eine Insemination zu fällen. Allerdings muss bedacht werden, dass die Validierung dieser Tests in der Vergangenheit bisher nicht gelungen ist und insbesondere hinsichtlich des Postkoitaltests – also der Untersuchung des Zervikalschleims auf das Vorhandensein von Spermien nach vollzogenem Geschlechtsverkehr – derartig viele Varianten hinsichtlich der Auswertung existieren, dass in einer Metaanalyse weder ein positiver noch ein wie auch immer beurteilter negativer Postkoitaltest irgendeine Bedeutung für den späteren Eintritt einer Schwangerschaft hatten.

Bei Vorliegen regelmäßiger Zyklen in den vergangenen zwei oder mehr Jahren ist bei regelmäßigem Geschlechtsverkehr eine Störung der Follikelreifung oder eine bedeutende Lutealphaseninsuffizienz extrem unwahrscheinlich. Zumindest ist nicht zu erwarten, dass aufgrund einer solchen Störung – bei regelmäßigem Zyklus – keine Schwangerschaft eingetreten ist.

Ist das parallel zum Zyklusmonitoring durchgeführte Spermiogramm des Partners weitgehend unauffällig, so sollte die Indikation zur Abklärung der Tubenfunktion folgen, die optimal durch eine Laparoskopie mit Chromopertubation, kombiniert mit einer Hysteroskopie nach Ende der Regelblutung bis zum Tag 11 des Zyklus erfolgen sollte. So kann in einem relativ kurzen und komplikationsarmen Eingriff nicht nur die Frage nach intrauterinen Synechien oder Fehlbildungen, sondern auch nach peritubaren Adhäsionen, ovariellen sowie zervikalen Auffälligkeiten und Tubenverschlüssen kurzfristig und sicher geklärt werden.

Bei weniger lang dauernder Sterilität, sehr jungen Patientinnen und keinem Hinweis auf eine Störung der Tubenfunktion kann nach entsprechender Aufklärung des Paares auch eine Hysterosalpingokontrastmittel-Sonographie durchgeführt werden. Hier ist es jedoch wichtig, das Paar darüber aufzuklären, dass falsch positive und falsch negative Befunde auftreten können, so dass auch bei nachgewiesener Tubendurchgängigkeit nach maximal sechs

Therapieversuchen mit einem optimalen Timing des Geschlechtsverkehrs (VZO, Verkehr zum optimalen Zeitpunkt) oder Inseminationen unbedingt eine laparoskopische Klärung folgen muss, wenn bis dahin nicht eine Schwangerschaft erzielt werden konnte.

Diagnostik beim Mann

Auf die Notwendigkeit einer ausführlichen andrologischen Anamnese sowie die körperliche Untersuchung wurde bereits hingewiesen.

Hier sollte sich der Gynäkologe, der meist die erste Kontaktadresse des Hilfe suchenden Kinderwunschpaares darstellt, von vornherein der Hilfe eines andrologisch versierten Kollegen, sei dies nun ein Urologe oder Dermatologe, versichern. Nur der konsequent interdisziplinäre Ansatz von Diagnostik und Therapie wird zum Erfolg in der Kinderwunschbehandlung führen.

Endokrinologische Untersuchungen sollten primär die Bestimmung von LH, FSH, Testosteron, Sexualhormon bindendes Globulin (SHBG), freies Testosteron und Prolaktin umfassen. Auffällig niedrige Gonadotropinspiegel können Hinweis auf einen idiopathischen hypothalamischen Hypogonadismus sein, auffällig hohe Spiegel sind Zeichen eines peripheren Hypogonadismus. Weiterführende Tests z. B. bei auffälligen Testosteronwerten beinhalten z. B. den HCG-Test zur Testosteronstimulation.

Wesentliche Aussage wird ein Spermiogramm liefern, welches in jedem Falle nach dem Standard der WHO durchgeführt werden sollte. Nur so ist überhaupt eine Interpretation und ein Vergleich mit Vorbefunden möglich. Die Beurteilung nach einer Karenzzeit von 48 h bis 7 Tagen muss Angaben zur Konzentration der Spermien, deren Motalität und Morphologie enthalten. Als Normalwerte können eine Spermienkonzentration von 20 Millionen Spermien/ml Ejakulat, sowie entweder 50 % progressiv motile Spermien (A + B) oder mindestens 25 % schnell progressiv motile Spermien (A) erwartet werden. Den Grenzwert der Morphologie muss jedes Labor – nach Auffassung der WHO – selbst finden, da es sich hier auch um eine subjektive Einschätzung handelt. Bei mehr als 30 % normal geformten Spermien ist jedoch sicher von einem Normalwert auszugehen.

Gynäkologie und Geburtshilfe. München, Sympomed, 2002, vol 2, pp 42–47.

Sterilitätsdiagnostik in der Praxis – Kryokonservierung des Ovars

E. Siebzehnrübl

Universitäts-Frauenklinik, Frankfurt/M., BRD

Einleitung

Da die beiden vorgegebenen Themen inhaltlich nicht in Beziehung gebracht werden können, müssen sie in zwei unabhängigen Abschnitten dargestellt werden.

Sterilitätsdiagnostik in der Praxis

Zunächst sei klargestellt, dass unter »Praxis« in diesem Zusammenhang die Diagnostik der ungewollten Kinderlosigkeit außerhalb spezialisierter Zentren verstanden wird, also auch an gynäkologischen Abteilungen.

Die moderne Sterilitätsdiagnostik wird von der Tatsache geprägt, dass immer mehr Frauen in immer höherem Alter sich wegen Sterilität vorstellen. Da die weibliche Fruchtbarkeit und damit auch der Erfolg notwendiger Therapien wesentlich vom Alter bestimmt wird, ist heute oft ein viel aktiveres und schnelleres Vorgehen notwendig, als es in vielen Lehrbüchern noch dargestellt wird.

Die Abbildung 1 zeigt eindrucksvoll, dass bei einer 39-jährigen Patientin keine Zeit durch langwierige Diagnostik mehr verbraucht werden darf. Andererseits soll natürlich auch keine Übertherapie durch unnötige Verfahren das Paar mit Kinderwunsch mehr als notwendig belasten.

Wichtigstes Instrument zur Planung des weiteren Vorgehens ist die *Anamnese*. Hier kann einfach geklärt werden, ob eine operative Diagnostik notwendig ist (Z.n. Adnexitiden, Operationen im Unterbauch), oder ob zunächst eine endokrine Diagnostik und/oder Zykluskontrollen (Zyklus,

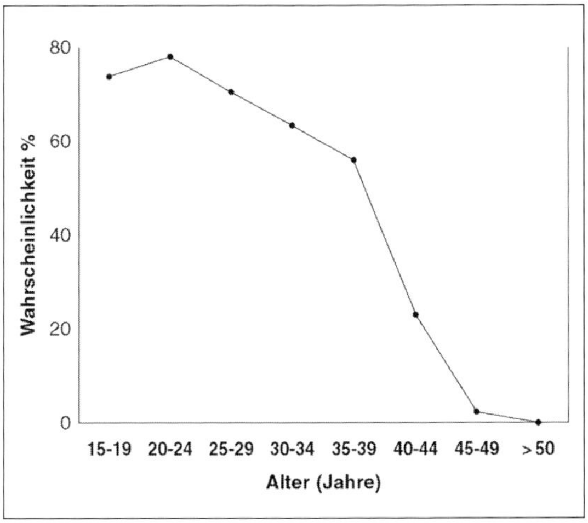

Abbildung 1. Zusammenhang weibliche Fertilität und Lebensalter.

Menses, Hormoneinnahmen) ausreichend sind. Wichtig ist auch, wie lange der Kinderwunsch besteht, was bisher unternommen wurde und ob bereits Schwangerschaften erzielt wurden. Bei der Planung des weiteren Vorgehens muss man sich aber immer vor Augen halten, dass nicht eine bis ins Detail exakte Diagnose erstes Interesse der Patientin bzw. des Paares ist, sondern in erster Linie der Kinderwunsch erfüllt werden soll.

Die *klinische Untersuchung* und der *vaginale Ultraschall* sind die ersten diagnostischen Maßnahmen, die unmittelbar nach der Erhebung der Anamnese angeschlossen werden können. Hier können anatomische Besonderheiten (von Vaginalfehlbildungen bis zu Uterusanomalien) und viele Pathologien (z. B. Myome, PCO, Ovarialzysten) nachgewiesen werden.

Wenn die Anamnese oder die klinische Untersuchung nicht dazu veranlasst, direkt zur invasiven Diagnostik überzugehen, sollte zunächst eine endokrinologische Grunddiagnostik erfolgen, möglichst verbunden mit einem Monitoring des Zyklusgeschehens. Die endokrinologische *Basisdiagnostik* sollte in der frühen Follikelphase (Tag 3 bis 8 bei durchschnittlicher Zykluslänge) erfolgen. Meist genügen 10 ml Venenblut in einem Serumröhrchen, in dem die in der Tabelle 1 aufgeführten Parameter bestimmt werden. Im Zentrum können dann ggf. weitere Parameter bestimmt oder Funktionstests durchgeführt werden.

Im Anschluss an die Basisdiagnostik kann das *Zyklusmonitoring* erfolgen. Bei jungen Paaren mit relativ kurzer Kinderlosigkeit kann eine Aufzeichnung der Basaltemperaturkurve für drei Monate vorgeschaltet werden. Sonst sollten mehrfache transvaginale Ultraschalluntersuchungen

Tabelle 1. Hormonelle Basisdiagnostik

Hormon	Gruppe	Bemerkung
TSH	Schilddrüse	falls auffällig, komplette SD-Diagnostik
FSH	Gonadotropine	falls >10, schlechte Reaktion auf Stimulation; falls >> 20, vorzeitige Menopause ausschließen
LH	Gonadotropine	falls > 15, präovulatorischer LH-Peak; falls kein Follikel im US, besonders wenn FSH:LH Ratio > 2: wohl vorzeitige Menopause
T, fT	Steroide	Mengen des gesamten, bzw. freien (= wirksamen) Testosterons
DHEA-S	Hormonvorstufe	Abbauprodukt des DHEA; zeigt Aktivität der NNR
PRL		falls zu hoch, Zyklusstörungen
17-OH-Prog.	Steroide	Screening-AGS

(z.B. ab Tag 10, zwei- bis dreitägig) das Heranreifen von Follikeln und die Ovulation bestätigen. Auch die Ovulation kann so gesichert werden. Hilfreich und stressmildernd für die Patientinnen ist die Kombination mit urinären LH-Tests, die der Patientin zeigen, wann die Ovulation stattfindet. Ist die Ovulation terminiert und das Paar dazu bereit, kann im gleichen Zyklus der Postkoital- oder Sims-Huhner-Test durchgeführt werden. Dazu wird, nachdem das Paar am Tag vor, oder am Tag der Ovulation Verkehr hatte, am folgenden Morgen der Zervikalmucus entnommen und unter dem Mikroskop (400fach) die Zahl der Spermien insgesamt und der beweglichen Spermien im Besonderen beurteilt. Zeigen sich keine oder < 10 bewegliche Spermien pro Gesichtsfeld, so muss eine zervikale Sterilität vermutet und eine Inseminationsbehandlung begonnen werden. Zur Komplettierung des Monitorings wird der Progesteronspiegel in der Lutealphase zwei- bis dreimal bestimmt, um eine Lutealinsuffizienz ausschließen zu können.

Parallel zu diesen Untersuchungen sollte veranlasst werden, dass sich der Partner der Patientin einer *andrologischen Untersuchung* unterzieht. Dabei ist es oft notwendig, einen Ansprechpartner zu nennen, der wirklich eine körperliche Untersuchung durchführt und der auch Differentialspermiogramm nach den Kriterien des WHO-Laborhandbuchs anfertigt. Immerhin sind in der Hälfte der Fälle die Männer Verursacher oder Mitverursacher der Sterilität. Groß orientierend kann man sagen, dass die Methoden der assistierten Reproduktion (IVF, ICSI ...) angezeigt sind, wenn wiederholt weniger als 10 Millionen progressiv bewegliche und morphologisch intakte Spermien im Ejakulat nachweisbar waren.

Den Abschluss der Diagnostik in der Praxis bildet die Überprüfung der Durchgängigkeit der Tuben mit der *Hystero-Kontrast-Sonographie*. Dieses Verfahren sollte kurz vor der Ovulation durchgeführt werden, da so der spezielle Katheter leichter durch die Zervix in das Cavum uteri eingeführt werden kann. Unter transvaginaler Ultraschallkontrolle kann dann beobachtet werden, ob das Kontrastmittel Echovist® über die Tuben abläuft und ob es sich im Douglas'schen Raum darstellen lässt. Die Sensitivität dieser ambulant und ohne Narkose durchführbaren Untersuchung im Vergleich zur Laparoskopie mit Chromopertubation liegt bei 90 %, die Spezifität dagegen nur bei 70 %. Ein auffälliger Befund stellt daher eine Indikation für eine Laparoskopie dar.

Zeigen sich bei den oben beschriebenen Verfahren pathologische Befunde, so ist deren Therapie, oder (wahrscheinlich sinnvoller, soweit die Sterilitätstherapie kein besonderes Interessengebiet ist) die Überweisung in ein reproduktionsmedizinisches Zentrum erforderlich. Dabei sollte darauf geachtet werden, dass dort auch alle erforderlichen Verfahren zur Verfügung stehen. Aber auch wenn sich keine greifbaren Ursachen für die Sterilität ausmachen lassen, sollte – je nach Alter der Patientin – spätestens nach 6 bis 12 überwachten bzw. untersuchten Zyklen eine weiterführende Diagnostik veranlasst werden, wenn keine Schwangerschaft eingetreten ist.

Kryokonservierung des Ovars

Immer häufiger gelingt es heute, gerade junge Frauen und Mädchen von bösartigen Erkrankungen zu heilen. Allerdings zu einem hohen Preis: Bei vielen Patientinnen wird durch die hoch dosierte Chemotherapie und Radiatio, die ja nicht selten eine Knochenmarktransplantation notwendig macht, die Funktion der Ovarien dauerhaft geschädigt oder sogar zerstört.

Obwohl größere klinische Studien fehlen, wird den Patientinnen gelegentlich angeboten, die Follikelbildung in den Ovarien durch die Gabe von Gonadotropin-releasing-Hormon-Agonisten (GnRHa) zu verhindern. Diese Depot-Präparate müssen alle vier Wochen appliziert werden und wirken durch die Blockierung der hypophysären LH- und FSH-Sekretion. In verschiedenen Studien konnte gezeigt werden, dass die rechtzeitige Gabe von GnRHa bei 60 bis 90 % der Patientinnen eine Ovarialinsuffizienz verhindern kann.

Im Gegensatz zu den männlichen Patienten, denen seit Jahrzehnten die Kryokonservierung von Sperma angeboten wird, um ihre Fertilität zu erhalten, wurde bei den Mädchen und Frauen das Problem der iatrogenen Kastration weitgehend ignoriert, oder mit ungeeigneten Verfahren versucht, die Ovarien zu schützen. Dabei ist schon seit den siebziger Jahren des zwanzigsten Jahrhunderts bekannt, dass lebende Gewebe – auch Eizellen – erfolgreich tiefgefroren – bei –196 °C in flüssigem Stickstoff gelagert werden können und nach dem Auftauen vital sind. Ein großes Problem stellt allerdings die Tiefgefrierkonservierung von Zellverbänden dar, besonders wenn die einzelnen Zellen in Größe und Funktion sehr unterschiedlich sind. In den letzten Jahren konnten aber Verfahren entwickelt werden, die es erlauben, Ovarialgewebe so einzufrieren, dass die meisten Eizellen dies intakt überstehen. Dennoch ist es meiner Ansicht nach schon aus psychologischen Gründen sehr sinnvoll, auch den Frauen die Kryokonservierung als Möglichkeit des Funktionserhalts anzubieten.

Methode: Per Laparoskopie werden ein bis vier Quadratzentimeter Ovarialoberfläche (= Tunica) entnommen und sofort weiterverarbeitet. Nach Zerteilung in kleine Volumina werden diese Biopsate nach einem konventionellen Gefrierverfahren tiefgefroren und eingelagert. Ist die Primärerkrankung als geheilt zu betrachten und besteht Kinderwunsch, so können die Proben aufgetaut und eine Follikelentwicklung induziert und überwacht werden. Dabei sind zwei Wege denkbar: einmal durch die Transplantation des aufgetauten Ovarialgewebes an orthotoper (Ovar, Beckenwand) oder heterotoper Stelle (Subkutis des Unterarms), zum anderen durch die In-vitro-Reifung der Follikel. Der erste Weg wurde bereits mehrfach angewendet, führte aber bisher nur zu vorübergehender Hormonproduktion. Der zweite Weg, die In-vitro-Kultivierung, ist bis heute nicht erfolgreich gewesen, da die entsprechenden Kultursysteme noch entwickelt werden müssen.

Probleme: Derzeit sind einige Fragen noch ungelöst. So ist ein sicheres Anwachsen des Gewebes nach Re-Transplantation nicht gewährleistet und Kultursysteme, die das Heranreifen von reifen Follikeln ermöglichen, sind erst am Anfang ihrer Entwicklung. Diese Probleme können aber wahrscheinlich in den nächsten fünf Jahren gelöst werden. Unklar ist aber, ob es wirklich gelingt sicherzustellen, dass keine malignen Zellen mit dem Transplantat auf die Patientin zurückübertragen werden. Die neuen PCR-gestützten Screeningmethoden sind aber viel versprechend.

Praktisches Vorgehen: Mit der Patientin und ggf. den Eltern sollte die Möglichkeit des Funktionserhalts der Ovarien möglichst früh nach der Diagnosestellung, bzw. im Rahmen der Therapieaufklärung, durch den behandelnden Arzt diskutiert werden. Dabei sollte die ovarielle Downregulierung mit einem GnRH-Analogon angeboten und, als Schutz vor Versagern, gleichzeitig die Kryokonservierung von Ovarialgewebe empfohlen werden. Beide Verfahren werden an der Universitäts-Frauenklinik Frankfurt/M. – Schwerpunkt Gyn. Endokrinologie (069/6301 5708) angeboten. Da die Zeit meist drängt, sollte bei Interesse der Patientin unter der angegebenen Telefonnummer sofort ein Termin vereinbart werden. Eine erste Kontaktaufnahme der Patientin ist auch per Telefon möglich, nach einem Beratungsgespräch kann die Downregulation sofort begonnen und die Aufnahme zur Laparoskopie und Ovarialgewebeentnahme terminiert werden. Mit der Patientin wird bei dieser Gelegenheit auch ein Vertrag abgeschlossen, der ein geringes Entgelt für die Lagerung vorsieht und regelt, was mit dem Gewebe geschieht, wenn es nicht abgeholt wird.

Schlussbemerkung

Obwohl die Kryokonservierung von Ovargewebe derzeit noch rein experimentell ist, sollte keiner Patientin, deren Ovarialfunktion gefährdet ist, die Chance vorenthalten werden, funktionsfähiges Ovarialgewebe wenigstens tiefgefroren zu erhalten.

Take-Home-Message Sterilitätsdiagnostik in der Praxis

Die Sterilitätsdiagnostik soll zügig und möglichst wenig belastend, aber so vollständig erfolgen, dass die Indikation zur richtigen (d.h. minimal-invasiven Therapie, die zum Erfolg führt) gestellt werden kann. Sie umfasst in Zusammenarbeit mit einem Andrologen beide Partner und beginnt mit der Anamnese, die den weiteren Ablauf der diagnostischen Maßnahmen bestimmt.

Take-Home-Message Kryokonservierung des Ovars

Die Kryokonservierung von Ovarialgewebe ist eine derzeit zwar noch experimentelle, aber viel versprechende Möglichkeit, die Fertilität von Frauen zu erhalten, die vor einer potentiell kastrierenden Therapie stehen. Zusätzlich sollte diesen Frauen die Blockade der Ovarialfunktion durch GnRH-Analoga während der Therapie empfohlen werden.

Gynäkologie und Geburtshilfe 2002

Gynäkologie und Geburtshilfe. München, Sympomed, 2002, vol 2, pp 48–54.

Überlebenschancen und Langzeitprognose bei Geburt in der Grauzone der Lebensfähigkeit

J. Hentschel

Abteilung für Neonatologie, Universitäts-Frauenklinik, Bern, Schweiz

Mortalität und Überlebenswahrscheinlichkeit

Die Grenze des Überlebens sehr unreifer Frühgeborener hat sich im letzten Jahrzehnt in entwickelten Ländern wiederum nach unten verschoben, ganz vereinzelt überleben heute Kinder ab 22 Wochen Gestationsalter [12]. Daten großer populationsbasierter Netzwerke aus den USA (NICHD [2]), Australien [16] und Finnland [17] zeigen, dass Mitte der 90er Jahre die 50 %-Mortalitätsperzentile bei 24–25 SSW lag.

Die Überlebenshäufigkeit der Frühgeborenen unterhalb 25 SSW hat sich damit im vergangenen Jahrzehnt gegenüber dem vorigen verdoppelt bis verdreifacht, und die der heute mit 26 SSW Geborenen entspricht derjenigen mit 28–29 SSW Geborenen vor 1 Dekade; also der gesamte Graubereich des Überlebens ist um bis zu 3 Wochen »unreifer« geworden.

In der metaanalytisch als Grad »A« (populationsbasiert, Lebend- und Totgeborene eingeschlossen, [6]) eingestuften »EPICure-Studie« einer sehr großen englischen Population von 4000 Schwangerschaften, die zwischen 20 und 25 Gestationswochen endeten, erreichten 800 Kinder die neonatologische Intensivstation, von der wiederum 300 lebend entlassen wurden.

Hilfreich bei der präpartalen Beratung können populationsbasierte Überlebenstafeln sein, die Überlebenschance für jedes Gestationsalter und Geburtsgewicht auffächern [3].

Kurzzeitmorbidität

Zur Kurzzeitmorbidität gehören intraventrikuläre Blutung, Lungenerkrankung mit prolongiertem Sauerstoffbedarf und Retinopathie.

Tabelle 1. Neonatologische Kollaborationsnetzwerke

Netzwerk	Land/Kontinent	Charakteristik	Gestationsalter-bezogene Mortalität	Periode ([Publ.]
Australien – New South Wales	Australien	populations-basiert (Population 6 Mio.)	21/22 Wochen 100 % 23 Wochen 93 %* 24 Wochen 43 %* 25 Wochen 49 %*	1992–3 [16]
Canadian NICU Network	Kanada (75 % der Tertiärzentren)	populations-basiert	62 % (< 750 g Geburtsgewicht)	1996–7 [11]
EPICure	Großbritannien und Irland	populations-basiert	61 %** und s. Abb. 1, 2	1995 [1, 19]
NICHD National Institute of Child Health and Human Development	USA (143 Zentren)	401–1500 g Geburtsgewicht, »inborns«	21 Wochen 100 %*** 22 Wochen 79 %*** 23 Wochen 70 %***	1995–96 [12, 16]
(Skandinavien)	Finnland	populations-basiert	s. Abb. 3	1996–7 [17]
VOTN Vermont-Oxford Trial Network	USA (plus einige Zentren in Kanada, Deutschland, Österreich, Schweiz)	401–1500 g Geburtsgewicht		1994–1996 [7, 9] www. vtoxford.org

* bezogen auf alle Schwangerschaften ab 20 Wochen, nachverfolgt bis 1 Jahr
** bezogen auf Lebendgeborene aus SSW > 20 < 26, aufgenommen auf die Neonatologie-Station
*** bezogen auf alle Lebendgeborenen

Sinnesorgane

In der EPICure-Studie hatten 15 % eine behandlungsbedürftige Retinopathie [1]. Australische Kinder von 24–26 Wochen Reifealter waren zu 2,5–6 % von Blindheit oder Hörstörung betroffen [16].

Chronische Lungenerkrankung

Von den 300 Überlebenden der EPICure-Studie hatten 74 % mit korrigiert 36 Wochen noch einen zusätzlichen Sauerstoffbedarf [1], was als klinisches Korrelat der chronischen Lungenerkrankung angesehen werden darf. Mit 23 Wochen Geborene haben zu 100 % nach heute gängiger Definition eine »chronic lung disease« [13].

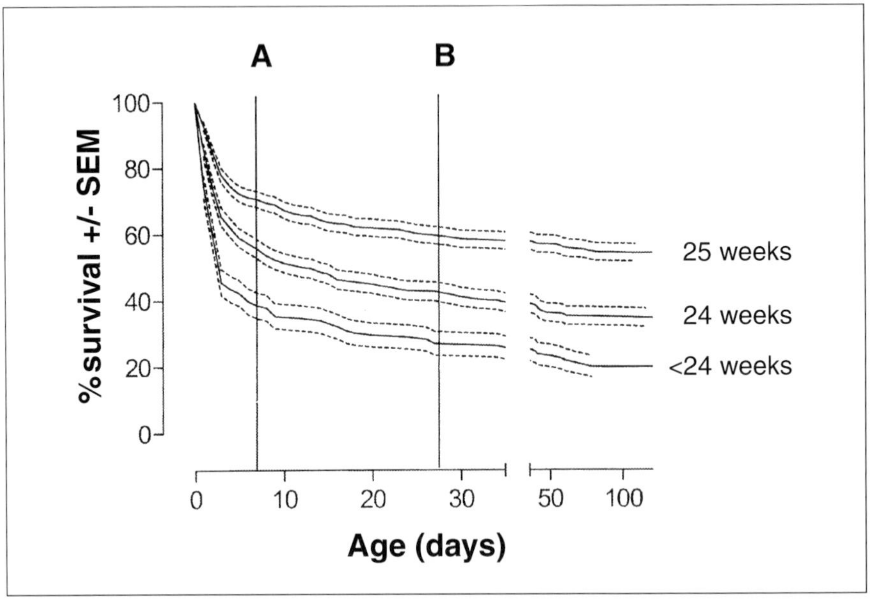

Abbildung 1. Überlebenskurve für alle auf die neonatologische Intensivstation aufgenommenen Kinder (61 % von 811 vor Entlassung verstorben).

Tabelle 2. Überlebens- und Entlassungswahrscheinlichkeiten in Bezug zu Abbildung 1

GA (Wochen)	Anzahl Aufnahmen	Punkt A: % am Leben mit 7 Tagen	Davon % nach Hause entlassen	Punkt B: % am Leben mit 28 Tagen	Davon % nach Hause entlassen
≤ 23	156	38,1	47,5	26,5	68,3
24	298	56,0	59,9	43,3	77,5
25	357	70,5	74,7	59,2	88,9
≤ 25	811	58,9	66,1	47,0	82,7

Costeloe, Kate et al. for the EPICure Study Group. Pediatrics 2000;106:659–671

Langzeit-Morbidität, besonders neuromotorische Entwicklung

Aus der sehr gut definierten Ausgangs-Population der EPICure-Studie sind jetzt auch die Entwicklungsdaten im korrigierten Alter von 30 Monaten verfügbar [19]: Die Hälfte litt 30 Monate nach dem errechneten Termin an einer schweren Entwicklungsverzögerung, Einschränkung ihrer Kommunikationsfähigkeit oder sensorisch/neuromotorischen Störung (s. Abb. 3). 75 %

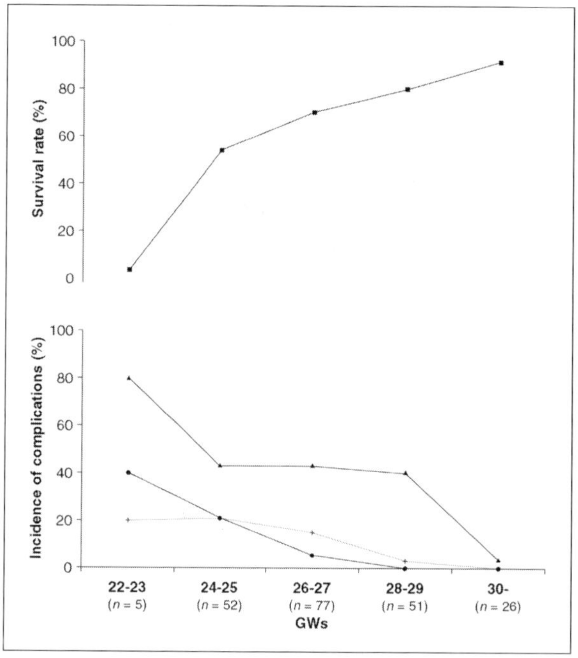

Abbildung 2. Oben: Gestationsalterabhängige Überlebensrate.
Unten: Sauberstoffabhängigkeit (Dreiecke), Retinopathie Stadium III–IV (Kreise), overte neurologische Störung (Kreuze), in überlebenden Frühgeborenen im Reifealter 36 Wochen, Finnland (aus: Tommiska V. et al., Pediatrics 107:e2).

der in dieser Studie als schwer entwicklungseingeschränkt bezeichneten Kinder hätten ebenfalls den Kriterien für eine Zerebralparese (CP) genügt.

Die »Surveillance of cerebral palsy in Europe«-Gruppe berichtet Raten von 30–95 CP-Fällen/1000 Lebendgeborenen < 1500 g, verglichen mit einer Basisrate von 1,5–3,0/1000 der in den 80er Jahren Geborenen [15]. Der von einigen Autoren befürchtete Anstieg der CP-Raten durch das vermehrte Überleben extrem unreif Geborener ist zwar eingetreten [5], aber mehr oder weniger proportional zur erhöhten Zahl der überlebenden Frühgeborenen [10, 14].

Morbidität versus Mortalität

Weltweit unterschiedliche Verhaltensweisen von Neonatologen haben einen Einfluss auf Morbidität und Mortalität. In der EPICure-Studie hat bei 55 % der Verstorbenen ein aktiver Entzug intensivmedizinischer Maßnahmen stattgefunden, häufig bei Kindern mit anomalem Schädelultraschallbefund. Erhebliche Unterschiede in solchen therapielimitierenden Entscheidungen sowohl zwischen verschiedenen europäischen Ländern als auch innerhalb der einzelnen Länder sind zuletzt in der Befragung europäischer

Zentren in der EURONICS-Studie [2] zutage getreten. Sichtbar wird der Tausch zwischen Morbidität und Mortalität auch am Beispiel einiger Schweizer Zentren, die im Vergleich mit internationalen Daten aus den USA und England (Vermont Oxford Network) restriktiver reanimieren, weniger maschinell beatmen und vermehrt Nasen-CPAP (**C**ontinuous **P**ositive **A**irway **P**ressure) verwenden. Damit einher geht ein geringerer Gebrauch postnataler Steroide und eine geringere Inzidenz der Retinopathie [8].

Schlussfolgerung

Die medizinischen und organisatorischen Voraussetzungen an ein Perinatalzentrum sind folgende:
- Erfahrung in der Behandlung extrem unreifer Frühgeborener
- Management durch perinatologisch ausgerichtete Geburtshelfer und erfahrene Neonatologen
- pränatales Assessment der fetalen Parameter
- Betreuung eines extrem früh Geborenen schon im Entbindungsraum durch ein Team aus spezialisierten Ärzten und Pflegenden, wie auch die nachfolgende Behandlung und Betreuung [14].

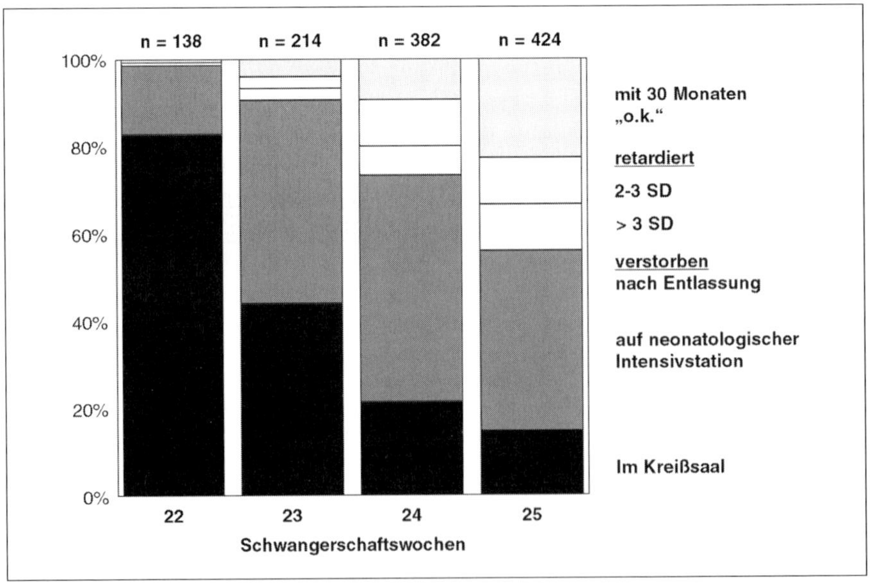

Abbildung 3. Mortalitäts- und Morbiditätsdaten aus der EPICure-Studie.

Abgesehen von diesen bekannten Standards der Behandlung von Risikoschwangeren in Perinatalzentren wird ein starker Einbezug der werdenden Eltern in den Entscheidungsprozess zur Reanimation dieser gerade viablen, aber technologieabhängigen Kinder gefordert. Jedes Perinatalzentrum, das für extrem früh Geborene sorgt, hat eine Verpflichtung zur Implementation eines Nachsorge-Programms oder zur Teilnahme an einem entsprechenden Netzwerk zur Erhebung des Outcomes [8].

Als repräsentative Mortalitäts- und Morbiditätsdaten bis 30 Monate können diejenigen der EPICure-Studie angeführt werden wie in Abbildung 3 gezeigt.

Literatur

1 Costeloe K, Hennessy E, Gibson AT, Morlow N, Wilkinson AR, for the EPICure Study Group (2000): The EPICure Study: Outcomes to discharge from hospital for infants born at the threshold of viability. Pediatrics 2000;106:659–671.

2 Cuttini M, Nadai M, Kaminski M, Hansen G, de Leeuw R, Lenoir S, Persson J, Rebagliato M, de Vonderweid U, Lenard HG, Orzalesi M, Saracci R, for the EURONIC Study Group (2000): End-of-life decisions in neonatal intensive care: physicians' self-reported practice in seven European countries. Lancet 2000;355:2112–2118.

3 Draper ES, Manktelow B, Field DJ, James D: Prediction of survival for preterm births by weight and gestational age: retrospective population based study. BMJ 1999;319:1093–1097.

4 El-Metwally D, Vohr B, Tucker R: Survival and neonatal morbidity at the limit of viability in the mid-1990s: 22 to 25 weeks. J Peds 2000;137:616–622.

5 Ens-Dokkum MH, Schreuder AM, Veen S, Verloove-Vanhorick SP, Brand R, Ruys JH: Evaluation of care for the preterm infant: review of literature on follow-up of preterm and low birthweight infants. Report from the collaborative Project On Preterm and Small for gestational age infants (POPS) in The Netherlands. Paediat Perinat Epidemiol 1992; 6:434–459.

6 Evans DJ, Levene MI: Evidence of selection bias in preterm survival studies: a systematic review. Arch Dis Child Fetal Neonatal Ed 2001;84:F79–84.

7 Finer NN, Horbar JD, Carpenter JH, for the Vermont Oxford Network: Cardiopulmonary resuscitation in the very low birth weight infant: The Vermont Oxford Network Experience. Pediatrics 1999;104:428–434.

8 Hentschel J, Arlettaz R, Bührer C: Überlebenschancen und Langzeitprognose bei Geburt in der Grauzone der Lebensfähigkeit. Gynäkologe 2001;34:697–707.

9 Horbar JD, Rogowski J, Pisek PE, Delmore P, Edwards WH, Hocker J, Kantak AD, Lewallen P, Lewis W, Lewit E, McCarroll CJ, Mujsce D, Payne NR, Shiono P, Soll RF, Leahy K, Carpenter JH, for the NIC/Q Project Investigators of the Vermont Oxford Network: Collaborative quality improvement for neonatal intensive care. Pediatrics 2001;107:14–22.

10 Krägeloh-Mann I, Hagberg G, Meisner C, Schelp B, Haas G, Eeg-Olofsson KE, Selbmann HK, Hagberg B, Michaelis R: Bilateral spastic cerebral palsy – a comparative study between Southwest Germany and Western Sweden II: epidemiology. Dev Child Neurol 1994; 36:473–483.

11 Lee SK, McMillan DD, Ohlsson A, Pendray M, Synnes A, Whyte R, Chien L-Y, Sale J, and the Canadian NICU Network: Variations in practice and outcomes in the Canadian NICU Network: 1996–1997. Pediatrics 2000;106(5):1070–1079.
12 Lemons JA, Bauer CR, Oh W, Korones SB, Papile L-A, Stoll BJ, Verter J, Temprosa M, Wright LL, Ehrenkranz RA, Fanaroff AA, Stark A, Carlo W, Tyson JE, Donovan EF, Shankaran S, Stevenson DK, for the NICHD: Very low birth weight outcomes of the National Institute of Child Health and Human Development Neonatal Research Network, January 1995 through December 1996. Pediatrics 2001;107:e1.
13 McElrath TF, Robinson JN, Ecker JF, Ringer SA, Norwitz ER: Neonatal outcome of infants born at 23 weeks gestation. Obstet Gynecol 2001;97:49–52.
14 Morrison JJ, Rennie JM: Clinical, scientific and ethical aspects of fetal and neonatal care at extremely preterm periods of gestation. Br J Obstet Gynaecol 1997;104(12):1341–1350.
15 Surveillance of cerebral palsy in Europe (SCPE): Surveillance of cerebral palsy in Europe: a colloboration of cerebral palsy and registers. Develop Med Child Neurol 2000;42:816–824.
16 Sutton L, Bajuk B and the New South Wales Neonatal Intensive Care Study Group: Population-based study of infants born at less than 28 weeks' gestation in New South Wales, Australia, 1992–3. Paediat Perinat Epidemiol 1999;13:288–301.
17 Tommiska V, Heinonen K, Ikonen S, Kero P, Pokela M-L, Renlund M, Virtanen M, Fellman V: A National Short-Term Follow-Up Study of extremely low birth weight infants born in Finland in 1996–1997. Pediatrics 2001;107:e2.
18 Vohr BR, Wright LL, Dusick AM Mele L, Verter J, Steichen JJ, Simon NP, Wilson DC, Broyles S, Bauer CR, Delaney-Black V, Yolton KA, Fleisher BE, Papile L-A, Kaplan MD: Neurodevelopmental and functional outcomes of extremely low birth weight infants in the National Institute of Child Health and Human Development Neonatal Research Network, 1993–1994. Pediatrics 2000;105:1216–1226.
19 Wood NS, Marlow N, Gibson AT, Costeloe K, Wilkinson AR: Neurologic and developmental disability after extremely preterm birth. EPICure Study Group. New Engl J Med 2000;343(6):378–384.

Gynäkologie und Geburtshilfe. München, Sympomed, 2002, vol 2, pp 55–58.

Standortbestimmung der Tokolyse

L. Spätling

Frauenklinik, Klinikum Fulda, BRD

Einleitung

Die perinatale Mortalität war in Deutschland noch nie so niedrig wie heute, was in erster Linie Folge einer Abnahme der Neonatalsterblichkeit ist. Mehr als 70 % der Neonatalsterblichkeit ist Folge der Frühgeburt. Die Inzidenz der Frühgeburten hat in den letzten Jahren in Deutschland wie auch in den meisten anderen Ländern trotz umfangreicher Anstrengungen in den Bereichen der Prävention, Diagnostik und Therapie nicht wesentlich abgenommen. Die Abnahme der Neonatalsterblichkeit ist somit eindeutig Folge von verbesserten Überlebenschancen, insbesondere in der Gruppe der sehr kleinen Frühgeburten. Diese erfreuliche Entwicklung ist als Erfolg der modernen Perinatalmedizin anzusehen.

Vorzeitige Wehen sind als klinisches Symptom von zentraler Bedeutung. Allerdings sind nur etwa ein Drittel aller Frühgeburten Folge vorzeitiger Wehen ohne fetale oder mütterliche Begleitpathologie. Zwei Drittel sind Folge eines vorzeitigen Blasensprungs oder aber einer indizierten frühzeitigen Schwangerschaftsbeendigung wegen mütterlicher oder fetaler Pathologie.

Ursachen und Pathogenese

Im Ruhezustand befindet sich das Myometrium in einem labilen Gleichgewicht, welches durch verschiedene zelluläre Reaktionen in der fetoplazentaren Einheit gestört werden kann.

Bakterielle Infektionen sind die Hauptursachen für vorzeitige Wehen. Endotoxine veranlassen die Freisetzung von Zytokinen aus Makrophagen, wodurch es zu einer Stimulation der Produktion von kontraktionsfördernden Substanzen wie Prostaglandinen, Endothelin und Leukotrienen kommt. Diese Mechanismen können noch durch das Corticotropin-Releasing-Hormon (CRH) verstärkt werden.

Aber auch im Bereich von Plazenta-Ischämien kann es über Sauerstoffradikale mit Lipidperoxidation zu Hydroxyperoxidbildung kommen, welche fähig sind, Kontraktionen in der glatten Muskulatur hervorzurufen.

Mütterlicher und auch fetaler Stress kann zur Freisetzung von CRH durch den Trophoplasten führen, welches einerseits die Prostaglandinsynthese stimuliert und andererseits auch direkt kontraktionsfördernd auf das Myometrium wirkt.

Ein Magnesiummangel, der bei einem Teil der Schwangeren durch eine vermehrte Ausscheidung über die Niere erfolgt, beeinflusst nicht nur den gesamten Zellstoffwechsel und die Eiweißproduktion, sondern destabilisiert auch die Zellmembranen, wodurch eine Verstärkung der o.g. Reaktionen möglich ist.

Maßnahmen zur Verringerung der Frühgeburtlichkeit

Die Therapie vorzeitiger Wehen darf nicht mit der Hemmung vorzeitiger Wehen, der Tokolyse, gleichgesetzt werden. Diese besteht ausschließlich in einer Unterdrückung eines Symptoms der drohenden Frühgeburt und nicht in der Behandlung der diesem Problem zugrunde liegenden komplexen Störung der mütterlichen Homöostase. Die wesentlichste Komponente bei der Verhinderung von Frühgeburten besteht in deren Prävention mit einem meist dreistufigen Konzept:

1. Identifikation von Schwangeren mit erhöhtem Risiko für eine Frühgeburt
2. Entdeckung von Frühsymptomen der drohenden Frühgeburt
3. Intervention zur Behandlung der Symptome mit dem Ziel der Korrektur der Störung

Prophylaktische Maßnahmen

Einige Studien konnten zeigen, dass die Gabe von Antibiotika bei vorzeitigen Wehen die Rate von Frühgeburten reduzierte. Besonders wichtig ist die Aufdeckung von vaginalen Infektionen, z. B. über eine routinemäßige pH-Bestimmung des Fluors und Anfertigung eines Nativpräparates, und deren lokale Behandlung zur Reduzierung einer aszendierenden Infektion. Auch kann die wöchentliche intramuskuläre Gabe von 17-Betahydroxyprogesteron-capronat eine sinnvolle Ergänzung der präventiven Maßnahmen in gefährdeten Schwangerschaften darstellen.

Magnesium, welches in Mangelsituationen eine Vielzahl von Stoffwechseln negativ beeinflusst, spielt eine wesentliche Rolle. Dies konnte in einer prospektiv kontrollierten Substitutions-Studie während der Schwangerschaft durch deutliche Reduzierung der Frühgeburtlichkeit und Verbesserung des Fetal Outcome gezeigt werden. Eine prophylaktische Magnesiumsubstitution der Schwangeren mit 10–15 mmol pro Tag kann als sinnvolle Maßnahme bei Risikoschwangerschaften, möglicherweise auch bei allen Schwangerschaften angesehen werden.

Therapeutische Maßnahmen

Nach allgemeinen Maßnahmen, die Homöostase wiederherzustellen, ist es sinnvoll, eine Tokolyse mit Betamimetika durchzuführen. Es muss noch einmal herausgestellt werden, dass eine pharmakologische Tokolyse bestenfalls eine Symptombekämpfung ist, ohne dass die zugrunde liegende Pathologie beseitigt wird! Die Gabe von Betamimetika ist nebenwirkungsreich und umstritten, da bisher nur eine schwangerschaftsverlängernde Wirkung von einer Woche erreicht werden konnte, ohne dass wesentliche Verbesserungen für den Feten erzielt wurden. Hieraus leitet sich ab, dass eine Tokolyse nur so kurz wie möglich und mit so wenig Substanz wie nötig durchgeführt werden sollte. Hierzu steht das Verfahren der pulsatilen Bolus-Tokolyse mit Fenoterol zur Verfügung. Im prospektiv kontrollierten Vergleich zur herkömmlichen kontinuierlichen Tokolyse kann das gleiche klinische Resultat mit einem Fünftel der Dosis erreicht werden. Dieses führt zu einer erheblichen Verringerung mütterlicher und auch kindlicher Nebenwirkungen. Aus diesem Grunde wird dieses Verfahren auch in den Leitlinien der Deutschen Gesellschaft für Gynäkologie und Geburtshilfe empfohlen.

In pharmakologisch hohen Dosen ist auch Magnesium Wehen hemmend. Von einzelnen Arbeitsgruppen wird es allein oder in Kombination mit Betamimetika gegeben. Auch die intravenöse Magnesiumsulfat-Therapie ist nebenwirkungsreich und nicht unumstritten. Lang dauernder Einsatz besonders in der frühen Schwangerschaft scheint möglicherweise negative Folgen für das Ungeborene zu haben.

Prostaglandinsynthesehemmer haben einen günstigen Einfluss auf die Produktion kontraktionsfördernder Substanzen. Die wesentliche Nebenwirkung wird in dem vorzeitigen Verschluss des Ductus ateriosus Botalli gesehen. Ihr Einsatz wurde deshalb auf einen Zeitraum vor der 32. Schwangerschaftswoche beschränkt. Sie sollten nicht länger als 48 h gegeben werden.

Auch Kalziumantagonisten haben einen Wehen hemmenden Effekt. Wegen einer begrenzten klinischen Erfahrung kann noch keine abschließende Empfehlung gegeben werden. So wie die Betamimetika auf das cAMP wirken, wirken NO-Donatoren vom Typ des Nitroglycerin auf das cGMP und indizieren so eine Relaxation der glatten Muskulatur. Erste prospektive Untersuchungen weisen auf eine gute tokolytische Wirkung. Der generelle Einsatz scheint aber durch den in 2/3 der Fälle beobachteten »Nitrat-Kopfschmerz« limitiert zu werden. Kürzlich wurde in Deutschland Atosiban, ein selektiver Oxytocin-Vasopressin-Rezeptor-Antagonist, zugelassen. Atosiban scheint ein ebenso guter Wehenhemmer zu sein wie Betamimetika, jedoch mit wesentlich geringeren Nebenwirkungen. Zwei Multicenterstudien werden zurzeit in Deutschland durchgeführt. Wegen der extrem hohen Kosten wird dieses Behandlungskonzept nur schwer seinen Eingang in die klinische Routinetherapie finden.

Schlussfolgerung

Ein vorzeitige Wehen behandelnder Arzt sollte sein Augenmerk nicht ausschließlich auf den sich kontrahierenden Uterus lenken. Eine gewisse lokale Kontraktionstätigkeit der Gebärmutter kann als physiologisch angesehen werden, und somit ist der wehenlose Uterus kein unbedingtes therapeutisches Ziel. Eine Tokolyse sollte die werdende Mutter und ihr Kind so wenig wie möglich belasten. Neben dem Magnesiummangel sollte eine mögliche lokale Infektion behandelt werden. Die Leitung der Therapie sollte immer den Vaginalbefund einbeziehen. Die psychosozialen Ursachen sollten erfragt und entsprechender Stress durch gut geschulte Kräfte abgebaut werden.

Es ist immer noch viel Forschungsarbeit zu investieren, um das beschriebene Konzept durch Ergänzung neuer therapeutischer Maßnahmen, möglicherweise auch durch Kombination verschiedener Behandlungsprinzipien, zu optimieren.

Literatur beim Verfasser

Gynäkologie und Geburtshilfe. München, Sympomed, 2002, vol 2, pp 59–62.

Allgemeines zur »Sektio auf Wunsch«

W. Rath

Medizinische Einrichtungen der RWTH, Frauenklinik, Aachen, BRD

Die Diskussion um die »Sektio auf Wunsch« gibt in beispielhafter Weise die von Selbstbestimmung und Freiheit des Individuums, von Erhalt der körperlichen und sexuellen Integrität und Lebensqualität geprägten Wertmaßstäbe unserer heutigen Gesellschaft wieder, die durch die Geburt eines Kindes nicht beeinträchtigt werden soll. Diese Entwicklung ist ohne durch rapide Fortschritte in der Geburtsmedizin geschaffene Rahmenbedingungen nicht möglich, wie die Verminderung der mütterlichen Mortalität und Morbidität nach Sektio, dem zunehmenden Bewusstsein um Probleme bei der vaginalen Geburt und die erhebliche Zunahme des forensischen Drucks. In einer Zeit abnehmender geburtshilflich-klinischer Erfahrung und eines ständig ansteigenden Wissens wird das Selbstbestimmungsrecht der Schwangeren zum dominierenden Regulativ. Den »Stein ins Rollen« brachte eine 1996 im »Lancet« veröffentlichte Umfrage bei 282 weiblichen und männlichen Geburtshelfern in London, bei der sich 31 % der weiblichen für einen Kaiserschnitt als bevorzugten Geburtsmodus bei unkomplizierter Einlingsschwangerschaft in Schädellage und Erstparität am Termin aussprachen. Die Gründe dafür waren in 80 % der Fälle die Angst vor Verletzung des Beckenbodens mit Inkontinenzfolgen und in 58 % die Sorge um Langzeitauswirkungen auf die Sexualität. Diese Gründe haben die kürzlich erschienenen Definitionen zur Wunsch-Sektio der Arbeitsgemeinschaft Medizinrecht der DGGG deutlich geprägt. Danach ist die Sektio auf Wunsch, also ohne medizinisch ersichtliche Indikation, von der Sektio aus Angst der Frau vor Gefährdung des Kindes, Schmerzen oder organischen Spätschäden zu trennen.

Namhafte Protagonisten der modernen Geburtshilfe empfehlen, die Wunsch-Sektio durchzuführen, sofern die Schwangere in vollem Umfang aufgeklärt ist. Diese Aufklärung erfordert eine adäquate Beratung der Schwangeren, die nur möglich ist, wenn die Risiken der vaginalen Geburt gewissenhaft, kundig und nicht tendenziös den Risiken der Wunsch-Sektio gegenübergestellt werden. Die Risiken der vaginalen Geburt betreffen zunächst Verletzungen des Beckenbodens, insbesondere höhergradige Dammrisse (bei Primiparae 2–6,3 %). Bei 19–58 % der betroffenen Frauen besteht noch nach 6 Monaten eine anale Inkontinenz, nach 2 Jahren noch bei 20 %. Mit einer postpartalen Stressinkontinenz muss bei 3,7–15,2 % der Schwangeren nach vaginaler Geburt gerechnet werden. Nach Kaiserschnitt liegen diese Raten deutlich niedriger. Eng verknüpft mit der Schädigung des Beckenbodens ist die Sorge der Schwangeren vor einem Verlust der sexuellen Erlebnisfähigkeit und Beziehung zum Partner. Bisher liegen zu dieser Problematik nur wenige aussagekräftige Studien vor. Nach jüngsten Untersuchungen von *Barrett* et al. (2000) bei Primiparae war die Rate an Dyspareunien, definiert als Schmerzen beim Verkehr oder Orgasmus, bis zu 3 Monaten nach vaginaler Geburt und vaginal-operativer Entbindung signifikant höher als nach Kaiserschnitt, allerdings ergaben sich 6 Monate post partum keine relevanten Unterschiede mehr.

Weitaus belastender für die meisten Schwangeren ist die Sorge um eine nicht auszuschließende und unkalkulierbar auftretende Traumatisierung des Kindes bei vaginaler Geburt, besonders verständlich nach eigenem traumatischem Geburtserlebnis mit beeinträchtigtem Kind. Nach *Fisk* beträgt das kumulative Risiko intrapartaler Katastrophen 1 : 500 bei vaginaler Geburt und nur 1 : 4000 bei elektiver Sektio. Demgegenüber stehen immer wiederkehrende Berichte über eine 2- bis 4fach höhere Rate an Atemnotsyndromen nach elektiver Sektio ohne vorausgegangene Wehentätigkeit und bei reifem Kind, abgesehen von einer iatrogen induzierten Frühgeburtlichkeit und deren Folgen bei Fehleinschätzung des Termins.

Die Diskussion um die Sektio auf Wunsch entfacht sich je nach Standpunkt des Geburtshelfers, aber auch und vor allem an der unterschiedlichen Interpretation der mütterlichen Mortalität und Morbidität. Tatsache ist, dass die Sektioletalität in den letzten 20 Jahren deutlich reduziert werden konnte und derzeit in einem Bereich zwischen 0,04 und 0,2 ‰ liegen dürfte. Allerdings existieren bisher keine gesicherten Ergebnisse hinsichtlich der mütterlichen Letalität sowie Früh- und Spätmorbidität im Vergleich zwischen elektiver Sektio und vaginaler Geburt bei gesunden Frauen mit unkomplizierter Schwangerschaft am Termin. Eine Analyse der hessischen Perinatalerhebung der Jahre 1990–1998 zeigte ein 8,9fach höheres Sterblichkeitsrisiko des Kaiserschnitts im Vergleich zur vaginalen Geburt, wobei die Zahl mütterlicher Todesfälle nach primärer Sektio doppelt so hoch war wie nach sekundärer. An erster Stelle der Müttersterblichkeit nach Sektio stehen mit 48 % thromboembolische Komplikationen, die nach Kaiserschnitt um das 2,5- bis 10fache höher liegen sollen als nach vaginaler Geburt.

Bisher nicht durch Studien abgesichert ist die Auffassung, dass ein geplanter Kaiserschnitt in Regionalanästhesie am Termin, durchgeführt unter optimalen logistischen Bedingungen und optimaler peri- und postoperativer Begleittherapie unter Ausschluss grundkrankheitsbedingter Mortalität, keine wesentlich höhere Müttersterblichkeit aufweist als die vaginale Geburt.

Nach primärer Sektio muss mit einem höheren durchschnittlichen Blutverlust, einem Blutverlust > 1000 ml und dementsprechend mit einer höheren Rate an Anämien gerechnet werden als nach einer vaginalen Geburt; zu berücksichtigen ist auch die Rate intraoperativer Verletzungen (z. B. Harnblase: 0,1–1,1 %) sowie die infektionsbedingte Morbidität, die um das 10- bis 15fache höher liegen soll. Zu anderen Ergebnissen kam eine jüngste Analyse der von der bayerischen Arbeitsgemeinschaft für Qualitätssicherung erhobenen Daten aus einem Niedrigrisikokollektiv reifer Kinder. Danach ergab sich für die vaginale Geburt – hauptsächlich aufgrund von Geburtsverletzungen – mit 13,7 % eine höhere Rate an leichten Komplikationen als nach primärer Sektio mit 11,8 %, ebenso für die Frequenz schwerer Komplikationen mit 3,4 versus 1,3 %.

Insgesamt ist aber unübersehbar, dass die mütterliche Morbidität nach Sektio durch Verbesserung der Operationstechnik, breite Anwendung der Regionalanästhesie und verschiedene peri- und postoperative Maßnahmen deutlich gesenkt werden konnte.

Immer wieder stellt sich die Frage nach den Risiken der Sektio für nachfolgende Schwangerschaften: Nach einer umfangreichen Untersuchung von *Rageth* et al. (1998) treten bei Zustand nach Sektio erwartungsgemäß Ileus, Blasenläsionen, Plazentalösungsstörungen und die Notwendigkeit zur Hysterektomie häufiger auf als nach vaginaler Geburt, das Risiko der Uterusruptur nach vorangegangener Sektio liegt um den Faktor 20–30 höher als nach vaginaler Geburt, ist aber insgesamt in den beiden größten Studien mit 0,32 % und 0,43 % niedrig.

Entscheidend beeinflusst wird der Wunsch nach Sektio durch psychologische Faktoren. Traumatische Vorerlebnisse wie Missbrauch oder extreme psychische Belastungen bei vorangegangenen Geburten können zu neurotischen Ängsten führen, die durch das ärztliche Gespräch nicht behebbar sind und somit eine Indikation zum Kaiserschnitt darstellen. Unterschiedliche Ergebnisse liegen zu den psychologischen Folgen eines Kaiserschnittes vor. Eine kürzlich publizierte Langzeituntersuchung ergab keinen Einfluss des Geburtsmodus auf die Mutter-Kind-Beziehung bis 1 Jahr post partum.

Eine ausführliche Darstellung der juristischen Aspekte der »Wunsch-Sektio« findet sich in der Stellungnahme der Arbeitsgemeinschaft Medizinrecht der DGGG, publiziert im »Frauenarzt« im November 2001, eine umfassende und aktuelle Darstellung des Themas in dem 2001 erschienenen Buch von *A. Huch*, »Sectio caesarea«.

Trotz aller nicht unbegründeter Befürchtungen um die Existenz ärztlicher Geburtshilfe geht es bei der Sektio auf Wunsch nicht um das patriarchalische Beharren auf ärztlicher Selbstbestimmung, Autorität und Entscheidungsfreiheit, sondern vielmehr um den Respekt vor dem Willen der Schwangeren, dessen Anerkennung dem Geburtshelfer als lebenslanger Begleiter und Partner der Frau (und der Familie) den größeren Erfolg bescheren wird.

Take-Home-Message

– Grundlage: Selbstbestimmungsrecht der Schwangeren (> Indikationsprinzipien des Geburtshelfers)

– Der Geburtshelfer darf dem ernsthaften und nachdrücklichen Wunsch der Schwangeren entsprechen, ist aber hierzu nicht verpflichtet

– Die elektive Sektio sollte derzeit bei risikoarmer Schwangerschaft nicht grundsätzlich und unaufgefordert angeboten oder empfohlen werden!

– Die traumatische Geburt (inkl. belastender Beckenbodenverletzungen) in Anamnese = Indikation zur primären Sektio

Voraussetzungen:

– Hoher Kenntnisstand des Geburtshelfers zu Risiken und Folgen der verschiedenen Entbindungsmöglichkeiten für Mutter und Kind

– Umfassende, individuelle und zeitgerechte Aufklärung und Dokumentation

– Je schwächer die Indikation, desto umfassender die Aufklärungspflicht

– »Vorurteilsfreies« Aufklärungsgespräch

– Ab 38. SSW unter optimalen infrastrukturellen Bedingungen, optimaler peri-/postoperativer Begleittherapie, in Regionalanästhesie

Cave: anamnestische, das OP-Risiko erhöhende Faktoren beachten!

Ökonomische Folgen? Kosten ↑→ Fallpauschale für Sektio ↓

Literatur beim Verfasser

Gynäkologie und Geburtshilfe. München, Sympomed, 2002, vol 2, pp 63–66.

The Misgav Ladach Method for Cesarean Section

M. Stark

Misgav Ladach General Hospital, Jerusalem, Israel

Introduction

Although Misgav Ladach Hospital in Jerusalem is a pioneer in introducing all kinds of surgical technique modifications, the improvement of cesarean section seemed to us of utmost importance. Firstly, because it is the most frequently performed operation in our discipline, and secondly, because most other operations will become less frequent in the coming years, due to alternative methods such as usage of GnRH analogues, laparoscopic and hysteroscopic techniques. In the last 12 years, we progressed through a process of improving the cesarean section technique by comparing different approaches to each step, such as the Joel-Cohen vs. the Pfannenstiel methods of opening the abdomen, and by abandoning surgical steps which were obviously not necessary. The guidelines for this were the principles of minimalism and aesthetics.

The result is a concise, very simple to perform operation, with reduced febrile morbidity, producing fewer post-operative adhesions, and less pain [1–4]. The operation is very short in duration and saves theater time, not because of hastiness, but because of the rational use of only the very essential steps necessary.

Description of the Procedure

Right-handed surgeons stand on the right side of the patient; this is particularly important, first, when delivering the baby, and secondly, because when stitching the uterus, the needle points away from the bladder, thus avoiding injury.

Opening the Abdomen

The Joel-Cohen incision is performed by a superficial transverse cut in the cutis, about 3 centimeters below an imaginary line drawn between the spinae iliacae anterior superior, cutting only through the cutis. At the center, where there are no large blood vessels, the cut is made deeper, reaching the fascia. A small transverse opening is made in the fascia with the tip of a scalpel, and then, the fascia is opened transversely underneath the fat tissue and blood vessels by pushing the slightly open tip of a pair of straight scissors, first in one direction, and then in the other. Using the index fingers, the surgeon stretches the fascia caudally and cranially, to make place for the next step. The surgeon and his assistant each insert their index and third fingers under the muscles, and stretch the muscles, blood vessels, and the fat tissue by manual bilateral traction. If additional force is required, the index and third fingers of the other hand may be used, placed *over* the fingers of the first hand. If the fingers of both hands were placed side by side, caudal-cranial stretching would occur, tearing blood vessels, which have lateral but no longitudinal elasticity, and causing hematoma in the subcutis.

The parietal peritoneum is opened by using both index fingers and stretching the peritoneum until a small hole is formed, and then – stretching it in a caudal-cranial direction. This causes a transverse opening.

The visceral peritoneum is opened transversely with the tip of a scalpel, while the assistant moves a manual Fritsch retractor parallel to the tip of the scalpel in order to enable good visibility of the plica. In this area, the peritoneum moves freely over the uterus, and the bladder can be gently pushed down with the index finger or swab.

Opening the Uterus

A small midline transverse incision is made with a scalpel in the lower segment of the uterus, until the membranes bulge. The index finger of one hand and the thumb of the other are inserted and the opening stretched laterally.

After the delivery, the placenta is removed manually, and the uterus is exteriorized. In this position it can be contracted manually to diminish bleeding, it is easier to examine the ovaries, and is easier to stitch, preventing damage to the abdominal organs.

Suturing the Uterus

The uterus is sutured in one layer, with a continuous locked stitch, using a one meter length chromic catgut No. 1 with a round needle No. 80. The uterus is sutured to achieve hemostasis. However, it must be remembered that the lower segment will contract within a few hours during uterine involution, and the stitches will become loose. Therefore stitching the uterus in more than one layer has no beneficial effect, and in fact may cause sacculation [9, 10]. Of course, if bleeding is not stopped, more stitches can be added.

Closing the Abdomen

Only the large blood clots are removed before closing the abdomen. After suturing the uterus and replacing it, the visceral and parietal peritoneal layers are left open, the omentum is drawn down over the uterus, and the abdominal wall muscles are not approximated. Leaving the peritoneal layers open was adopted from the works of *Ellis* in general surgery, who proved that suturing the peritoneum is not necessary for its healing [11, 12].

For suturing, four peans are placed in the fascia taking the two layers of the fascia which are found at this level. The peans are placed one at either corner, and two grasping the lateral edge of the opening, at approximately three quarters the length of the cut away from the surgeon.

The assistant lifts the two lateral instruments to exteriorize the fascia, while the surgeon stitches from his side towards the assistant. This way, their hands do not cross or get in each other's way, and the surgeon can control the tension of the thread. The first knot is made under the fascia in order to prevent an inflammatory reaction in the subcutis.

The skin and subcutis are closed with widely spaced silk stitches, which are removed on the fifth postoperative day.

Discussion

The principles behind the Joel-Cohen incision as well as other steps of the operation such as opening the peritoneum, are the approach to handling the muscles, blood vessels, and nerves. They are treated like the strings on a musical instrument, where the more distant you move from the insertion, the easier is the lateral stretching due to elasticity, and therefore the damage is reduced. Because of the placement of the incision where the fascia is not attached an moves freely over the muscles, there is no need to separate the fascia from the muscles as must be done in the Pfannenstiel incision. Tissues are separated along connective tissue fault lines, thus healing more completely and rapidly. Unnecessary steps such as suturing the peritoneal layers are simply not done. No interruptions are necessary for hemostasis or swabbing, and the whole procedure is performed with a continuous flow of movement, each step leading naturally to the next. The results are self-evident: more rapid and complete healing with less long- and short-term complications such as febrile morbidity and adhesions. These results are evident on the ward as well. Women who delivered by the Misgav Ladach Method for cesarean section regained control and recovered more rapidly, and were better able to breastfeed and care for their newborn.

References

1 Stark M: Technique of Caesarean section: the Misgav Ladach method; in Popkin DR, Peddle LJ (eds): Women's Health Today, Perspectives on Current Research an Clinical Practice. Proc XIV World Congress of Gynecology and Obstetrics, Montreal, Sept 1994. Parthenon Publishing Group, New York, pp 81–85.

2 Stark M, Finkel AR: Comparison between the Joel-Cohen and Pfannenstiel incisions in cesarean section. Eur J Obstet Gynecol Reprod Biol 1994;53:121–122.

3 Stark M: Clinical evidence that suturing the peritoneum after laparotomy is unnecessary for healing. World J Surg 1993;17:419.

4 Stark M, Chavkin Y, Kupfersztain C, Guedj P, Finkel AR: Evaluation of combinations of procedures in cesarean section. Int J Gynecol Obstet 1995;48:273–276.

5 Caesarean Section – New Ideas. NU News in Health Care in Developing Countries 3/95, vol. 9. ICH University Hospital, Uppsala, 35 pp.
6 Holmgren G, Sjoholm L: The Misgav Ladach method of caesarian section: evolved by Dr. Michael Stark in Jerusalem. Trop Doctor 1996;26:1–7.
7 Joel-Cohen S: Abdominal and vaginal hysterectomy. New techniques based on time and motion studies. London, William Heinemann Medical Books, 1972, pp 170.
8 Pfannenstiel J: Über die Vorteile des suprasymphysären Fascienquerschnitts für die gynäkologische Kolotomie, zugleich ein Beitrag zu der Indikationsstellung der Operationswege. Samml Klin Vortr (Neue Folge) Gynaek 1897, 68–98 (Klin Vortr NF, Gynaek 1900; 97:268).
9 Csucs L, Kott I, Solt I: Mono-layer sutures of uterine incision in cesarean section based on clinical experience and animal experiments. Zentbl Gynäkol 1972;94:112–1126.
10 Jelsema RD, Wittingen JA, Vander Kolk KJ: Continuous, nonlocking, single-layer repair of the low transverse uterine incision. J Reprod Med 1993;38:393–396.
11 Ellis H: The aetiology of post-operative abdominal adhesions. Br J Surg 1962;50:10–16.
12 Ellis H: Internal overhealing: The problem of intraperitoneal adhesions. World J Surg 1980;4: 303–306.

Gynäkologie und Geburtshilfe. München, Sympomed, 2002, vol 2, pp 67–70.

Grundsätzliches zur Wunschsektio – Narkosetechnik

D. H. Bremerich

Klinik für Anästhesiologie, Intensivmedizin und Schmerztherapie, Universitäts-Frauenklinik, Frankfurt/M., BRD

In Deutschland werden 17 bis 24 Prozent [1, 2], in ausgewiesenen Perinatalzentren mit einem hohen Anteil an Risikoschwangerschaften bis zu 44 Prozent (Universitäts-Frauenklinik Frankfurt/M. 1999) aller Entbindungen als Kaiserschnittentbindungen durchgeführt. Angaben zur Inzidenz von reinen Wunschsektios liegen bislang nicht vor. Die Wahl des Anästhesieverfahrens zur Sectio caesarea ist in erster Linie von der geburtshilflichen Dringlichkeit der Indikationsstellung, dem Wunsch der Patientin und der Vorliebe des Anästhesisten für ein bestimmtes Verfahren abhängig. In den letzten zehn Jahren erlebte die Spinalanästhesie zur Sectio caesarea international eine Renaissance. 1997 wurden in den USA 33 Prozent [3], 1995 in Großbritannien 52 Prozent [4] aller Kaiserschnittentbindungen und 1996 in Frankreich 73 Prozent der elektiven Kaiserschnittentbindungen [5] in Spinalanästhesie durchgeführt. In der Universitäts-Frauenklinik Frankfurt/M. stellt die Spinalanästhesie seit ihrer Einführung 1997 mit heute 75 Prozent das am häufigsten eingesetzte Anästhesieverfahren zur elektiven und eiligen (Indikationsstellung bis Abnabelung des Kindes < 30 min) Sectio caesarea dar. Nur noch bei der Notfall-Sectio caesarea mit vitaler Gefährdung des Feten oder der Mutter wird ausschließlich die Allgemeinanästhesie angewendet, da sie im Vergleich zu Regionalanästhesieverfahren mit den kürzesten Induktions-Abnabelungszeiten eingesetzt werden kann [6].

Die Vorteile der Spinalanästhesie zur Sectio caesarea bestehen in der einfachen Technik mit einer tiefen, reproduzierbaren und schnell einsetzenden sensorischen und motorischen Blockade. Die Patientin ist wach, spontanatmend mit erhaltenen Schutzreflexen, und ein Geburtserlebnis ist ihr möglich. Die gefürchtete Situation, wo weder intubiert noch ventiliert (»cannot ventilate, cannot intubate«) werden kann, wird vermieden und das Aspirationsrisiko der Schwangeren damit minimiert. Letztlich kommt es durch die geringen Mengen von Lokalanästhetika und Opioiden zur Spinalanästhesie nicht zu einer neonatalen Depression durch pharmakologisch wirksame Plasmaspiegel wie beispielsweise bei der Epidural- oder Allgemeinanästhesie. Das Expertengremium der American Society of Anesthesiologists (ASA) zur geburtshilflichen Anästhesie [6] stimmte darin überein, dass Regionalanästhesieverfahren die maternale und neonatale Komplikationsrate reduzieren und die mütterliche Zufriedenheit mit der Anästhesie steigern können.

Unerwünschte Nebenwirkungen der regionalen Anästhesieverfahren zur Sectio caesarea sind die sympathikolysebedingte Hypotension, Übelkeit, Erbrechen, bei der Anwendung von rückenmarknahen Opioiden der Pruritus und der postpunktionelle Kopfschmerz. Eine abschließende Bewertung und vergleichende Analyse der Häufigkeit und Schwere von unerwünschten Nebenwirkungen der verschiedenen, bei der Sectio caesarea zur Anwendung kommenden regionalen Anästhesieverfahren (Epiduralanästhesie, Spinalanästhesie und kombinierte Spinal-Epiduralanästhesie) ist allerdings zur Zeit noch nicht möglich [6].

Kontraindikationen für eine Spinalanästhesie zur Sectio caesarea sind neben der Ablehnung durch die Patientin eine nicht adäquat therapierbare Koagulopathie oder die zwingende Fortführung einer simultan notwendigen Antikoagulanzienbehandlung, eine hämodynamische Instabilität oder schwere Blutung, Haut- oder Weichteilinfektionen im lumbalen Punktionsgebiet oder allgemeine Sepsiszeichen, koexistente kardiale Erkrankungen, insbesondere die schwere Aortenklappenstenose und letztlich vorbestehende neurologische Erkrankungen wie multiple Sklerose und ein erhöhter intrakranieller Druck.

Im Jahre 1994 wurde die Misgav-Ladach-Methode zur Sectio caesarea erstmals vorgestellt (der »sanfte« Kaiserschnitt). Verglichen mit der konventionellen Sectio caesarea nach Pfannenstiel ist diese Technik durch eine geringere Gewebetraumatisierung, weniger Blutverlust, deutlich kürzere OP-Zeiten, den Verzicht auf Wunddrainagen und einen geringeren postoperativen Analgetikabedarf charakterisiert [7], die letztlich eine frühere Mobilisation und eine kürzere Krankenhausverweildauer ermöglicht. Bei Operationszeiten von durchschnittlich 20,5 min (n = 100, Universitäts-Frauenklinik Frankfurt/M.) hat diese Sectio-caesarea-Technik auch einen Einfluss auf die Wahl des Lokalanästhetikums zur Spinalanästhesie: In einer Umfrage 1998 [1] entschieden sich 84 Prozent der befragten Anästhesieabteilungen zur Sectio caesarea für das Lokalanästhetikum Bupivacain (Konzentration: 0,5 Prozent [98 Prozent der Kliniken]; Dosierungsbereich 9 bis 20 mg). Die Dauer der motorischen Blockade nach 12,5 mg Bupivacain 0,5 Prozent hyperbar wird mit 168,9 ±

Tabelle 1. Technische Durchführung und Dosierungsschema für die Spinalanästhesie zur Sectio caesarea

i. v. Volumenpreload präoperativ	500 ml Hydroxyäthylstarke 6 % (z. B. Haes-steril 6 %, Fresenius), 500 ml Ringer-Lactat-Lösung
Lagerung	sitzend nach Anlage der Spinalanästhesie 15 ° Linksseitenlage
Präferierte Punktionshöhe	L 2/3
Lokalanästhesie der Punktionsstelle	2–3 ml Mepivacain 1 % (z. B. Scandicain, Astra Zeneca)
Spinalnadel	25- oder 27-G-Pencil-Point-Nadel (Z. B. Pencan Braun Melsungen AG) mit oder ohne 20-G-Führungskanüle
Lokalanästhetikum	Mepivacain (z. B. Scandicain, ® Astra Zeneca) 4 % hyperbar, standardisiert 1,5 ml entsprechend 60 ml
Opioid	2,5–5 µg Sufentanil (z. B. Sufenta epidural, Janssen-Cilag) oder 5–10 µg Fentanyl (z. B. Fentanyl, Janssen-Cilag) intrathekal

45 min angegeben [8]. Zwölf Prozent der befragten Anästhesieabteilungen entschieden sich für Hepivacain (Konzentration: vier Prozent [83 Prozent der Kliniken]; Dosierungsbereich 72 bis 120 mg) mit einer durchschnittlichen Dauer der motorischen Blockade von 126,4 ± 28,8 min. (Universitäts-Frauenklinik Frankfurt/M.). Unserer Ansicht nach stellen bei kurzen Kaiserschnittentbindungen sowohl Bupivacain (10 mg) als auch Mepivacain (60 mg) im niedrigen Dosierungsbereich gute klinische Optionen dar und erhöhen durch die frühe Mobilisierbarkeit der Patientin deren Komfort [9–11]. Hinweise zur technischen Durchführung und Dosierungsempfehlungen für die Spinalanästhesie zur Sectio caesarea, wie sie zur Zeit an der Universitäts-Frauenklinik Frankfurt/M. durchgeführt wird, sind in Tabelle 1 dargestellt. Die zusätzliche intrathekale Applikation von Fentanyl oder Sufentanil verbessert die Analgesiequalität bei der Spinalanästhesie zur Sectio caesarea. Auch konnte gezeigt werden, dass die Zeitdauer bis zur Notwendigkeit postoperativer Analgetikagaben signifikant verlängert werden kann [9–11]. Auf das neonatale Ergebnis, gemessen an APGAR-Scores und umbilikalen Blutgasanalysen, hatte die Applikation intrathekaler Opioide keine negativen Auswirkungen [7, 9].

Perspektive

Um das relative maternale Mortalitätsrisiko im Rahmen von Allgemein- und Regionalanästhesieverfahren abschließend zu beurteilen, ist die bisherige Literatur unzureichend; allerdings sterben immer noch weltweit mehr Patientinnen während Allgemeinanästhesien zur Sectio caesarea. Bei fehlenden Kontraindikationen eignen sich daher vor allem zur Wunsch-Sectio-caesarea Regionalanästhesieverfahren wie die Epiduralanästhesie, Spinalanästhesie und die kombinierte Spinal-Epiduralanästhesie. Die Spinalanästhesie gewinnt aufgrund der einfachen, zuverlässigen Technik und schnellen Durchführbarkeit in den letzten Jahren zunehmend an Popularität. Beim Einsatz moderner Operationstechniken zur Sectio caesarea mit kurzen Operationszeiten sind niedrig dosiertes Bupivacain und Mepivacain zur Spinalanästhesie geeignet. Die Kombination mit einem intrathekalen Opioid verbessert die Analgesiequalität und verlängert die Dauer der Analgesie, ohne einen negativen Effekt auf das neonatale Ergebnis zu haben.

Literatur

1 Meuser T, Grond S, Lynch J, Irnich MF, Lehmann KA: Stand der Analgesie und Anästhesie in der Geburtshilfe. Eine Umfrage aus Nordrhein-Westfalen. Anaesthesist 1997;46: 532–535.

2 Wulf H, Stamer U: Aktuelle Praxis der Anästhesie zur Sectio caesarea an den deutschen Universitätsklinika. Ergebnisse einer Erhebung im Jahr 1996. Anaesthesist 1998;47:59–63.

3 Hawkins JL, Koonin LM, Palmer SK, Gibbs CP: Anesthesia-related deaths during obstetric delivery in the United States 1979–1990. Anesthesiology 1997;86:277–284.

4 Brown GW, Russell JF: A survey of anaesthesia for caesarean section. Int J Obstet Anesth 1995;4:214–218.

5 Clergue F, Auroy Y, Péquignot F, Jougla E, Lienhart A, Laxenaire M-C: French survey of anesthesia. Anesthesiology 1999;91:1509–1520.

6 Hawkins JL, Arens JF, Bucklin BA et al.: Practice guidelines for obstetrical anesthesia: A report by the American Society of Anesthesiologists Task Force on Obstetrical Anesthesia. Anesthesiology 1999;90:600–611.

7 Darj E, Nordstrom ML: The Misgav-Ladach method for cesarean section compared to the Pfannenstiel method. Acta Obstet Gynecol Scand 1999;78:37–41.

8 Dahlgren G, Hultstrand C, Jakobsson J, Normann M, Eriksson EW, Martin H: Intrathecal sufentanil, fentanyl, or placebo added to bupivacaine for cesarean section. Anesth Analg 1997;85:1288–1293.

9 Bremerich DH, Nordmeyer J, L'Allemand N, Neidhart G, Kessler P: Die Kombination mit intrathekalem Fentanyl verbessert die Analgesie nach Spinalanästhesie mit Mepivacain zur elektiven Sectio caesarea. Anästhesiol Intensivmed 2000;41:339.

10 Kessler P, L'Allemand N, Alparslan Y, Janshon G, Bremerich DH: Postoperative Analgesie nach intrathekaler Gabe von Sufentanil und Mepivacain zur Spinalanästhesie bei der Sectio caesarea. Anästhesiol Intensivmed 2000;41:339.

11 Eiden U, Kuschel S, Büchner S, Milosevic M, Bremerich DH: A comparison of mepivacaine and bupivacaine for spinal anesthesia in parturients undergoing elective cesarean section. Anesthesiology 2001;95(3 A):A–1112.

Gynäkologie und Geburtshilfe. München, Sympomed, 2002, vol 2, pp 71–73.

Stellenwert der 3D-Sonographie in der pränatalen Diagnostik

E. Merz, C. Welter, A. Oberstein, U. Meier

Frauenklinik, Krankenhaus Nordwest, Zentrum für pränatale Medizin, Frankfurt/Main, BRD

Einleitung

Durch die Entwicklung hochleistungsfähiger Ultraschallgeräte konnte die Darstellung fetaler Strukturen und fetaler Fehlbildungen innerhalb der letzten Jahre deutlich verbessert werden. Tatsache bleibt jedoch, dass man mit der konventionellen Ultraschalltechnik dreidimensionale Strukturen lediglich in einzelnen zweidimensionalen Schnittebenen darstellen kann. Ohne Zweifel gelingt es dabei dem erfahrenen Untersucher in den meisten Fällen, die für die pränatale Diagnose erforderlichen relevanten Schnittebenen zu erfassen und zu dokumentieren. Auch versucht der erfahrene Untersucher dabei unwillkürlich, sich aus mehreren zweidimensionalen Schnittebenen ein räumliches Bild im Geist vorzustellen. Schwierig wird die Beurteilung jedoch, wenn sich einzelne Schnittebenen aufgrund der Lage des Kindes im zweidimensionalen Bild nicht einsehen lassen oder wenn es sich um komplexe Fehlbildungen handelt, die eine Beurteilung in mehreren Ebenen erfordert. Auch bietet die konventionelle zweidimensionale Ultraschalltechnik den Nachteil, dass der räumliche Eindruck, den der Untersucher von einer fetalen Fehlbildung gewonnen hat, nur deskriptiv an die betroffenen Eltern weitergegeben werden kann.

Technische Möglichkeiten der 3D-Sonographie

Mit der 3D-Sonographie steht heute eine Methode zur Verfügung, mit der nicht nur – wie bei der 2D-Sonographie – einzelne Bildebenen, sondern komplette Volumina gespeichert werden können. Nach der Volumenabtastung werden alle Echos als digitale Signale ortsgetreu in einen Volumenspeicher eingeschrieben. Aus diesem Volumenspeicher können dann nicht nur sämtliche Schnittebenen innerhalb des jeweiligen Volumens berechnet und gleichzeitig mit den beiden dazugehörigen senkrechten Schnittebenen dargestellt werden, sondern auch dreidimensionale Aufsichts- oder Transparenzbilder rekonstruiert werden.

Gegenüber der herkömmlichen zweidimensionalen Sonographie bietet die 3D-Sonographie mit der orthogonalen Bilddarstellung, insbesondere aber mit der räumlichen Oberflächen- und Transparenzdarstellung sowohl für den Untersucher als auch für die Patientin völlig neue visuelle Möglichkeiten in der Fetalbeurteilung. Ist das gewünschte Volumen erst einmal gespeichert, kann es tomographisch exakt durchmustert werden. Dabei können sowohl die konventionellen Schnittebenen, als auch solche Schnittebenen, die mit der herkömmlichen zweidimensionalen Abdominalsonographie nicht erzielt werden können, wie Frontalschnitte oder Schrägschnitte, problemlos dargestellt werden. Auch lässt sich das gesamte Volumen so drehen, dass der Untersucher den gewünschten Bezirk optimal einsehen kann. Damit wird nicht nur eine Biometrie in der exakten Biometrieebene gewährleistet, sondern es können auch exaktere Volumenbestimmungen vorgenommen werden, als dies mit der 2D-Sonographie bislang möglich war. Neue Aspekte ergeben sich damit auch für die fetale Gewichtsschätzung.

In der Fehlbildungsdiagnostik ergeben sich Vorteile in der exakten Darstellung einer entsprechenden Fetalebene, im Nachweis, wie auch im Ausschluss kleiner Oberflächendefekte (LKG-Spalte, Spina bifida) oder in der Darstellung von Gesichtsdysmorphien. Komplexe Organbereiche, wie das fetale ZNS-System, können tomographisch exakt untersucht werden. Mit der Möglichkeit, diskrete Veränderungen am Feten gezielt zu erfassen, eröffnen sich völlig neue Aspekte in der Diagnostik von Chromosomenstörungen oder von verschiedenen Syndromen, bei denen eine Feindiagnostik unerlässlich ist.

Zusätzlich bietet die röntgenähnliche Darstellung des fetalen Skeletts im Transparenzmodus einen völlig neuen Weg in der Darstellung der fetalen Ossifikation und der Erkennung von Ossifikationsstörungen.

Für die Eltern bietet die Darstellung der fetalen Oberfläche, insbesondere des fetalen Gesichts, ein absolut neues Bilderlebnis, da sie damit ihr Kind ähnlich wie auf einer Fotografie sehen können. Im Rahmen der Fehlbildungsdiagnostik bedeutet dies, dass man den Eltern damit nicht nur den Schweregrad eines fetalen Defektes besser vermitteln kann, sondern im Falle eines Fehlbildungsausschlusses auch, dass man den Normalbefund überzeugender als mit der 2D-Sonographie demonstrieren kann.

Mit der neuesten Technologie, der 4D-Sonographie, die zusätzlich zur 3 D-Sonographie die fetalen Bewegungen widerspiegelt, kann der Fetus nun wie in einem Film beobachtet werden. Dies gestattet neben der Aussicht auf die fetale Oberfläche auch die Beurteilung des fetalen Bewegungsmusters.

Weitere Vorteile der 3D-/4D-Sonographie ergeben sich durch die Volumenspeicherung. Die Möglichkeit, anstelle eines zweidimensionalen Bildes ein komplettes Volumen oder gar ganze Videosequenzen digital zu speichern und wieder abzurufen, bietet den Vorteil der Mehrfachuntersuchung, ohne dass die Patientin anwesend sein muss. Das gespeicherte Volumen kann sowohl von demselben Untersucher als auch von einem anderen Untersucher mehrmals millimeterweise durchmustert werden. Auch kann die Untersuchung noch nach Wochen oder Monaten wiederholt werden, wodurch erstmals die Möglichkeit einer retrospektiven Untersuchung besteht. Für Ausbildungszwecke auf dem Gebiet der Fehlbildungsdiagnostik können Volumina mit definierten Fehlbildungen bereitgestellt werden.

Schlussbemerkung

Die 3D-/4D-Ultraschalltechnik stellt kein konkurrierendes, sondern ein ergänzendes Verfahren zur konventionellen 2D-Sonographie dar. Im Rahmen der Pränataldiagnostik bietet sie dem erfahrenen Untersucher die Möglichkeit der Feindiagnostik, wobei verdächtige Befunde gezielter nachgewiesen wie auch ausgeschlossen werden können.

Literatur beim Verfasser

Gynäkologie und Geburtshilfe. München, Sympomed, 2002, vol 2, pp 74–76.

Hemmung von Zellzyklus-Regulatoren in der gynäkologischen Therapie

K. Strebhardt, B. Spänkuch-Schmitt

Universitäts-Frauenklinik, Frankfurt/M., BRD

Antitumor-Aktivität von Antisense-Oligodesoxynukleotiden (ASOs)

Das Mammakarzinom ist mit ca. 20 000 Neuerkrankungen in Deutschland jährlich das häufigste Malignom der Frau. In den USA und den westlichen Industrienationen erkrankt zur Zeit jede zwölfte Frau. Die Inzidenz der Neuerkrankungen liegt derzeit bei 30- bis 35-jährigen Frauen bei 24/105, bei 40- bis 45-jährigen Frauen bei 105/105 und bei über 60-jährigen Frauen bei 247/105. Kenntnisse über molekularbiologische Grundlagen der Krebsentstehung ermöglichen die Etablierung neuer therapeutischer Ansatzpunkte. Eine neue Methode ist die Applikation von synthetischen, zu einer spezifischen mRNA komplementären DNA-Fragmenten. Diese so genannte Antisense-Technologie ist in den letzten Jahren zu einem wichtigen experimentellen Werkzeug geworden, um die Funktion neuer Krebsgene zu untersuchen. Aufgrund von viel versprechenden Resultaten wurde deren therapeutisches Potential bei viralen Infektionen, humanen Malignomen und verschiedenen inflammatorischen Krankheiten analysiert.

Während bei einer Gentherapie zusätzliche Promotor-gesteuerte, genetische Information transient oder integrierend, d. h. permanent in die Zelle eingebracht wird, was zu einer Deregulation zelleigener Gene führen kann, zielt die Anwendung von ASOs nur auf eine spezifische Hemmung der Proteinsynthese ab. Bei ASOs handelt es sich in der Regel um kurzkettige, auf die spezifische mRNA abgestimmte ASOs, bei denen ein nicht bindendes Sauerstoffatom in der Phosphatgruppe durch ein Schwefelatom ersetzt wurde, die sog. **P**hosphoro**th**i**o**ate (PTO). Diese chemische Verbindung ist eine von mehreren möglichen Modifikationen, die zur Stabilisierung der ASOs in der Zelle gegenüber vorzeitiger Degradierung notwendig ist. Beim Einsatz

Tabelle 1. Aktuelle Klinische Studien zur Behandlung solider Tumoren mit ASOs

Antisense-Target	Kombination mit Chemotherapeutikum	Tumor	Klinische Phase
PKA	–	Astrocytom	II
BCL-2	Docetaxel	Mammaca.	I
H-RAS	Gemcitabine	Mammaca.	I
H-RAS	–	Colorectalca.	II
BCL-2	Mitoxantrone	Prostataca.	I
PKC	Carboplatin/Paclitaxel	NSCLC	I/II

von PTOs beruht die Wirkungsweise auf der Bildung einer illegitimen Heteroduplex (mRNA/DNA-Hybrid), welche die Aktivität der zelleigenen RNase H induziert und somit zum Abbau der mRNA führt. Hierdurch kommt es in der Folge zu einer Hemmung der Proteinbiosynthese. Die Antisense-Technologie ist ein sehr spezifischer Ansatz zur Inaktivierung kritischer Onkogene und somit zur Behandlung von Krebs. Aktuelle klinische Studien zur Behandlung solider Tumoren mit ASOs, die gegen verschiedene molekulare Targets gerichtet sind, wurden beim Treffen der **A**merican **S**ociety of **C**linical **O**ncology (ASCO-Meeting 2001) vorgestellt. Die einzelnen ASOs, die sich in der Phase der klinischen Erprobung befinden und zum Teil auch mit herkömmlichen Chemotherapeutika kombiniert werden, sind in der Tabelle 1 zusammenfassend dargestellt. Vor kurzem wurden bereits erste PTOs für die Behandlung der Cytomegalovirus-(CMV-)induzierten Retinitis zugelassen.

Polo-like kinases (PLKs)

Die Entdeckung wesentlicher Regulatoren des Zellzyklus in Säugetierzellen macht es möglich, deren Funktion in Krebszellen gezielt zu hemmen. Hierzu gehört eine Familie von Serin/Threonin-Kinasen, die so genannten PLKs, die in eukaryontischen Organismen von der Hefe bis zum Säuger hochkonserviert sind. Es konnte gezeigt werden, dass die zellulären Mengen des PLK-Proteins, der Phosphorylierungsstatus und die Kinaseaktivität des Proteins während des Zellzyklus strikt reguliert werden. Das PLK-Protein ist in der Prophase an den Spindelpolen lokalisiert und wandert in der Meta-Anaphase zur zentralen Spindel. Genetische Studien haben gezeigt, dass defektes PLK zur Ausbildung monopolarer Spindeln und zur Anreicherung von Zellen in der G2-Phase führt. Bei Defekten des PLK-Proteins kann die Zelle die M-Phase nicht verlassen, oder es kommt sogar zur Apoptose.

Die PLK1-Aktivität ist in Geweben mit hohem mitotischem Index und somit auch in Tumoren erhöht. Eine Vielzahl von Studien belegt, dass die Prognose von Patienten mit unterschiedlichsten Tumoren (Mamma-, Ovarial- und Endometriumkarzinome, NSCLC, Melanome etc.) mit dem Expressionsgrad von PLK korreliert. PLK als Maß für die Aggressivität eines Tumors hängt sicherlich mit der Schlüsselstellung von PLK für den Eintritt von Zellen in die Mitose zusammen.

Antisense-Konzept

Das so genannte »Antisense-Konzept« stellt einen neuen Ansatz in der Therapie maligner Tumoren dar. Daher wurden Experimente mit gegen PLK-mRNA gerichteten ASOs in Tumorzellkulturen von gynäkologischen Tumoren (Mamma-, Cervix-, Ovarialkarzinome) und anderen Tumorentitäten (Bronchial-, Pharynxkarzinome) durchgeführt. ASOs wurden identifiziert, die PLK-mRNA, -Protein und Kinase-Aktivität dosisabhängig und sequenzspezifisch reduzieren. Hierbei nahm der Prozentsatz von Zellen in der G2/M-Phase um 30–50 % zu. Tumorzellen mit reduzierter PLK-Menge nahmen einen abgerundeten Phänotyp mit multiplen Chromosomen an. Die Behandlung mit ASOs induzierte einen antiproliferativen Effekt in vitro. Aufgrund dieser proliferationshemmenden Effekte in Zelllinien wurden im Anschluss In-vivo-Experimente an tumortragenden, immundefizienten Mäusen durchgeführt. Hierzu wurden die Tumoren (Mamma-Ca MCF-7, Bronchial-Ca A549) auf Nacktmäusen etabliert und mehrfach passagiert. Die Behandlung der Mäuse erfolgte dann über tägliche intravenöse Bolusinjektionen des ASOs in die Schwanzvene über einen Zeitraum von insgesamt 30 Tagen. Hierbei wurde das Wachstumsverhalten der Tumoren anhand der Größenzunahme beurteilt. Es konnte eine Wachstumsinhibition zwischen 70 und 80 % festgestellt werden. Diese Studie demonstrierte, dass Antisense-Inhibitoren gegen PLK in moderaten Konzentrationen als therapeutische Agenzien im Einsatz gegen Krebs verwendet werden können.

Gynäkologie und Geburtshilfe. München, Sympomed, 2002, vol 2, pp 77–81.

Hysteroskopie

Th. Römer

Abteilung für Gynäkologie und Geburtshilfe, Evang. Krankenhaus, Köln, BRD

Einleitung

Die Hysteroskopie stellt eine der ältesten endoskopischen Methoden dar. Die diagnostische Hysteroskopie hat sich erst in den 70er Jahren als CO_2-Hysteroskopie durchgesetzt. In den 80er Jahren fand zunehmend die Diagnostik mit flüssigen Medien (Kochsalz-Lösung oder Ringer-Lösung) Anwendung. Dazu entwickelt wurden elektrochirurgische Methoden zur operativen Hysteroskopie.

Indikationen zur diagnostischen Hysteroskopie

Indikationen zur diagnostischen Hysteroskopie stellt die Sterilität und Infertilität dar. Im Rahmen einer Laparoskopie zur Sterilitätsdiagnostik sollte in jedem Fall eine Hysteroskopie mit durchgeführt werden, da hierbei intrauterine Pathologien (Myome, Polypen, Uterusfehlbildungen, intrauterine Adhäsionen) gezielt erkannt und in vielen Fällen auch therapiert werden können. Die diagnostische Hysteroskopie ist hierbei der Sonographie überlegen. Insbesondere für Patientinnen, bei denen Verfahren der assistierten Reproduktion durchgeführt werden (IVF oder ICSI), sollte zuvor eine hysteroskopische Diagnostik durchgeführt werden, da bei regelrechten Cavumverhältnissen die Implantationsrate höher und die Abortraten niedriger sind.

Die häufigste Indikation zur diagnostischen Hysteroskopie sind Blutungsstörungen. Vor jeder Abrasio sollte eine Hysteroskopie zum Standard gehören, da hier fokale Veränderungen (Polypen, fokale Hyperplasien, Endometriumkarzinome) frühzeitig erkannt und gezielt entfernt bzw. diagnostiziert werden können. Die diagnostische Hysteroskopie stellt hier ein Bindeglied zwischen Vaginalsonographie und Abrasio dar. In vielen Fällen kann die diagnostische Hysteroskopie bei Blutungsstörungen auch als ambulanter Eingriff ohne Narkose durchgeführt werden, da durch den Einsatz von Mini-Hysteroskopen (Außendurchmesser: 2,8 mm) in vielen Fällen eine problemlose Diagnostik möglich ist. Eine entsprechende Auswahl der Patientin für diese ambulante Operation ohne Narkose ist jedoch erforderlich. Weitere Gruppen stellen Patientinnen dar, bei denen sonographisch auffällige Befunde, zumeist in der Postmenopause, auftreten. Hier ist die Hysteroskopie von enormer Bedeutung, da hier in ca. 70 % der Fälle Korpuspolypen die Ursachen des sonographischen Befundes darstellen und diese nur nach einer zuvor durchgeführten sicheren Diagnostik gezielt entfernt werden können. Bei Blutungsstörungen sollte auch bei unauffälliger Hysteroskopie in jedem Falle eine histologische Sicherung des Befundes erfolgen. Dies kann auch durch eine Strichkürettage erfolgen.

Operationstechniken

Das Spektrum der Hysteroskopie hat sich durch den Einsatz elektrochirurgischer Verfahren erweitert. Die wichtigsten hysteroskopischen Operationen sind die Septumdissektion, die intrauterine Adhäsiolyse, die Endometriumablation sowie die Myom- bzw. Polypresektion. In der Fertilitätschirurgie wird der Vorteil der operativen Hysteroskopie besonders deutlich.

Bei Patientinnen mit einer Uterusfehlbildung (Uterus septus/subseptus) kann eine transzervikale *Septumdissektion* erfolgen. Dies ergibt insbesondere für die Patientin, die früher bei habitueller Abortneigung eine abdominale Metroplastik erhalten musste, enorme Vorteile. Die hysteroskopische Septumdissektion ist ein relativ kleiner, auch ambulant durchführbarer Eingriff. Wichtig ist eine sichere Differentialdiagnostik zwischen Uterus subseptus und bicornis, da nur Ersterer einer hysteroskopischen Therapie zugänglich ist. Bei einem Uterus subseptus ist in jedem Fall eine Therapie indiziert, da 80–90 % der Schwangerschaften bei Uterus subseptus mit einem Abort enden und nach der erfolgten Therapie die Abortrate unter 10 % gesenkt werden kann. Aus diesem Grund ist auch bei einer im Rahmen der Sterilitätsdiagnostik gefundenen Uterusfehlbildung eine frühzeitige operative Therapie indiziert, so dass sich dadurch das operative Operationsspektrum erweitert hat, im Sinne der Prävention von Frühaborten bei Uterusfehlbildungen.

Die *intrauterine Adhäsiolyse* bei ausgeprägten Adhäsionen Grad 3 und 4 stellt den schwierigsten operativ-hysteroskopischen Eingriff dar. In vielen

Fällen kann zwar die A- oder Hypomenorrhöe beseitigt werden, aber die Wiederherstellung der Fertilität misslingt häufig. Zum postoperativen Management bei intrauterinen Adhäsionen empfiehlt sich die Einlage eines IUD und die Estrogenisierung. Es sollte der Prävention dieser Adhäsionen besondere Aufmerksamkeit gelten, d. h. dass intrauterine Eingriffe bei Patientinnen im fertilen Alter besonders endometriumschonend durchgeführt werden sollten.

Hauptklientel für die operative Hysteroskopie sind Patientinnen mit Blutungsstörungen. Die Endometriumablation stellt bei Patientinnen mit rezidivierenden hormonell-therapieresistenten Blutungsstörungen hier ein etabliertes Verfahren dar. Es müssen in jedem Fall zuvor Karzinome und adematöse Hyperplasien ausgeschlossen werden, da in diesen Fällen eine Kontraindikation besteht. Bei den Patientinnen muss auch eine abgeschlossene Familienplanung vorliegen, da hier bezüglich der Familienplanung dieser Eingriff nicht reversibel ist. Besteht bei der Patientin diesbezüglich eine Ambivalenz, ist die Einlage eines Gestagen-IUD (Mirena®) zu bevorzugen.

Die *Endometriumablation* stellt bei Patientinnen mit normal großem Uterus eine Alternative zur Hysterektomie dar. Dies dürfte für ca. 20–25 % der Hysterektomien zutreffen.

Nach der Endometriumablation finden sich langfristig eine Amenorrhöerate von 30–35 % und eine Erfolgsrate von 80–90 %, d. h. die Reduktion des pathologischen Blutflusses. Darüber müssen die Patientinnen präoperativ aufgeklärt werden, um die individuelle Entscheidung zwischen Endometriumablation und vaginaler Hysterektomie treffen zu können. Spezifische Komplikationen der Endometriumablation sind das Postablationssyndrom, die Hämatometra und die Adenomyosis. Die Endometriumablation stellt keine kontrazeptive Methode dar. Es ist mit einem Restrisiko von Schwangerschaften von 0,4 % zu rechnen. Darüber müssen die Patientinnen aufgeklärt werden, und entsprechende kontrazeptive Maßnahmen sind einzuleiten.

Die Standardtherapie in deutschsprachigen Ländern ist derzeit die elektrochirurgische Methode, wobei eine Kombination aus Roller-Ball und Resektion bevorzugt wird. Zweitgenerationsmethoden (Ballonmethoden, bipolare Dissektionen, Hydrothermablation usw.) spielen eine untergeordnete Rolle; da die Ergebnisse dieser Methoden etwa denen der elektrochirurgischen entsprechen und mit einen deutlich höheren Kostenaufwand verbunden sind, haben sich diese Methoden bisher nicht durchsetzen können.

Bei der *Myomresektion* bestehen häufig Menorrhagien mit sekundären Anämien. Auch bei Fertilitätspatienten kann die Myomresektion indiziert sein. Es sind drei Grade der Myome zu unterscheiden, wobei das Grad-0-

bzw. Grad-1-Myom intrakavitär bzw. überwiegend intrakavitär meist problemlos elektrochirurgisch reseziert werden kann. Bei einem Grad-2-Myom (vorwiegend intramural) ist die Indikation zur Resektion sehr kritisch zu stellen, da hier eine hohe Komplikationsgefahr (TUR-Syndrom bzw. Perforation) besteht. In vielen Fällen kann der Eingriff auch zweizeitig durchgeführt werden. Der Einsatz von GnRH-Analoga vor der Myomresektion ist indiziert bei großen Myomen über 3 cm, bei Patientinnen mit sekundärer Anämie und bei intramuralen Myomen (Grad 2), sowie großzügig bei Fertilitätspatientinnen, um möglichst endometriumschonend Myome zu resezieren. Die Erfolgsraten bezüglich der Behandlung der Blutungsstörungen liegen auch langfristig bei 80–90 %. Allerdings sollte die Myomresektion vor allem Patientinnen mit solitären, submukösen Myomen vorbehalten sein, um auch langfristig erfolgreich die Blutungsstörungen zu behandeln.

Allgemeine Komplikationen der Hysteroskopie sind Perforation, TUR-Syndrom (d.h. die exzessive intravaskuläre Aufnahme des Distensionsmediums Purisole mit nachfolgenden Elektrolytverschiebungen) und Blutungen. Die meisten derartigen Komplikationen sind bei Beachten der entsprechenden Sicherheitsaspekte vermeidbar. Die Komplikationsrate der operativen Hysteroskopie ist relativ niedrig, allerdings sind beim Auftreten von Komplikationen (z.B. Perforationen mit Darmverletzung) oft schwerwiegende Folgen zu verzeichnen. Deshalb ist auf einen entsprechende Ausbildung der Operateure großer Wert zu legen.

Take-Home-Message

1. Die diagnostische Hysteroskopie ist in der Sterilitätsdiagnostik bei jeder Laparoskopie mit durchzuführen, sowie vor jeder Maßnahme der assistierten Reproduktion (IVF, ICSI) einzusetzen.
2. Die Hysteroskopie sollte vor jeder Abrasio wegen Blutungsstörungen zur Standarduntersuchung gehören, ebenso bei der Abklärung des sonographisch-suspekten Endometriums.
3. In vielen Fällen ist die Hysteroskopie ambulant ohne Narkose in der Praxis durchführbar und reduziert somit die Belastung für die Patientinnen.
4. Die hysteroskopische Septumdissektion ist das Standardverfahren zur Behandlung des Uterus subseptus und ist auch bei primärer Sterilität großzügig indiziert zur Prävention von Aborten.
5. Die intrauterine Adhäsiolyse ist bei ausgeprägten Adhäsionen nur von geringem Erfolg, deshalb ist auf die Prävention (endometriumschonende Eingriffe bei fertilen Frauen) das Hauptaugenmerk zu richten.

6. Die Endometriumablation ist eine etablierte Alternative zur Hysterektomie bei Patientinnen mit rezidivierenden Blutungsstörungen ohne pathologischen Uterusbefund.

7. Der Golden Standard in den deutschsprachigen Ländern zur Endometriumablation ist die elektrochirurgische Resektion in Kombination mit der Roller-Ball-Koagulation.

8. Bei submukösen solitären Myomen ist die Myomresektion per hysteroscopiam indiziert. Bei Grad-2-Myomen (überwiegend intramural) ist die Indikation sehr kritisch zu stellen.

9. Die Komplikationen der operativen Hysteroskopie sind selten, aber meistens schwerwiegend, deshalb ist auf eine entsprechende Ausbildung der Operateure großer Wert zu legen.

Gynäkologie und Geburtshilfe. München, Sympomed, 2002, vol 2, pp 82–85.

Neue Trends in der gynäkologischen Endoskopie

S. Kissler

Universitäts-Frauenklinik, Frankfurt/Main, BRD

Laparoskopisch assistierte vaginale Hysterektomie (LAVH)

Durch die Verbesserung endoskopischer Methoden in der jüngeren Vergangenheit haben sich die Indikationen zur Hysterektomie (HE) gewandelt. Es wird im Allgemeinen eher versucht, organerhaltend vorzugehen als sofort die Indikation zur HE zu stellen. Myome werden inzwischen in Abhängigkeit ihrer Lokalisation durch Laparoskopie oder Hysteroskopie entfernt. Präkanzerosen werden durch die verschiedenen Verfahren der Konisation behandelt, und bei Blutungsstörungen stehen verschiedene Verfahren der Endometriumablation zur Verfügung.

Wird allerdings die Indikation zu einer HE gestellt, variiert der Einsatz der Methode der LAVH in verschiedenen deutschen Zentren zwischen 0 und 35 %.

Die LAVH wird entsprechend dem Ausmaß des laparoskopischen Vorgehens in 5 Typen eingeteilt:

Typ 1: Diagnostische LSK, die Operation erfolgt rein vaginal
Typ 2: Absetzen wahlweise mit/ohne Adnexe, Durchtrennung der Ligg. rotunda
Typ 3: Abpräparation von Blase und Parametrien bis zu den Uteringefäßen
Typ 4: Komplettes Abpräparieren der Blase, Durchtrennung der Uteringefäße
Typ 5: Komplett laparoskop. HE, Entfernen des Uterus über die Scheide

Als Indikation für die LAVH sind zu nennen:

– Vorhandensein benigner Adnextumoren, die zusätzliche operative Schritte nötig machen

– Erhöhung der diagnostischen Sicherheit bei Voroperationen, Adhäsionen, Endometriose und Darmerkrankungen

– Erhöhung der chirurgischen Sicherheit

– Erleichterung der vaginalen HE, z. B. durch Morcellement großer Myome

Aus eigener Erfahrung und in Übereinstimmung mit der Literatur nehmen die Probleme der LAVH Typ III–V zu. Es kommt zu einem zunehmenden Zeitverlust gegenüber dem vaginalen Vorgehen, die Kosten des OP-Materials steigen an, und die Anzahl schwerer Komplikationen nimmt zu (Ureterläsion, Blutungen aus dem uterinen Gefäßbett).

Eigene Daten aus meiner Zeit an der Universitäts-Frauenklinik Erlangen zeigen, dass die Hauptindikation für das rein abdominale Vorgehen bei der Hysterektomie in 64 % ein Uterus myomatosus war, bei rein vaginalem Vorgehen fand sich in 60 % der Fälle ein Descensus uteri. Die Indikation zu einer LAVH – bei strenger Indikationsstellung – war nur in wenigen Fällen gegeben. Wir führten 1989/99 insgesamt 496 Hysterektomien (ohne onkologische Indikationen) durch, 310 auf abdominalem, 186 auf vaginalem Wege, 8 davon als LAVH. Die LAVH-Operation verliefen alle komplikationsfrei, jedoch zeigte sich insgesamt nur eine Komplikationsrate von 1,4 %.

Zusammenfassend gilt:

– Die LAVH ist sicher nicht in den überwiegenden Fällen einer HE indiziert.

– Der Anteil vaginaler Hysterektomien sollte erhöht werden, entsprechend dem Konzept der minimal-invasiven Chirurgie.

– Die LAVH ist bei ca. 15–20 % der HEs indiziert.

– Die LAVH unterstützt das vaginale Vorgehen bei Unsicherheit über den richtigen Operationsweg, v. a. bei Adhäsionen, Darmerkrankungen und großen Myomen.

– Bei bekannten Adhäsionen und zusätzlichen Adnexprozessen sollte sie obligat durchgeführt werden, wenn bei notwendiger Beckenbodenrekonstruktion der vaginale Weg zur HE gewählt wird.

– Die LAVH Typ III-V erhöht jedoch die Komplikationsrate, ohne entscheidende Vorteile zu bieten.

Transvaginale Hydrolaparoskopie (THL)

In Kombination mit der Mini-Hysteroskopie wird das Verfahren Pan-Endoskopie genannt. Das Verfahren wird von der Technik der in den 70er Jahren durchgeführten Kuldoskopie abgeleitet. Durch die Weiterentwicklung und Verkleinerung der Optiken kann seit kurzer Zeit auch der vaginale Zugang zur Beurteilung des kleinen Beckens bei einer Sterilitätssituation genutzt werden.

Technik:
- 2,7-nm-Optiken über 3-mm-Trokar, eingebracht im Fornix posterior der Vagina.
- Lokalanästhesie im Bereich der hinteren MM-Lippe.
- NaCl-Lösung dient als Distensionsmedium (200–500 ml).
- Hysteroskopie und Hydrolaparoskopie können nacheinander mit derselben Optik durchgeführt werden.

Vorteile bietet die THL als wenig invasives, ambulantes Verfahren zur Beurteilung des kleinen Beckens, insbesondere der tubo-ovariellen Strukturen und der Beurteilung der Tubendurchgängigkeit.

Als Nachteil der Methode muss das Risiko der Darmperforation angeführt werden, das aber bei Beachtung der relativen Kontraindikation – fixierte Retroflexio uteri – minimal ist. Weiterhin dient die Methode überwiegend der diagnostischen Abklärung einer möglichen Sterilitätsursache; das therapeutische Handeln ist zwar möglich, aber sehr begrenzt.

Die Methode bietet in der Literatur eine Zuverlässigkeit bezüglich der Tubendurchgängigkeit zwischen 90 und 100 %, verglichen mit den Standardverfahren HSG und Chromolaparoskopie.

Die Komplikationsrate der THL bezüglich einer Darmverletzung wurde zuletzt bei über 3600 Eingriffen mit 0,65 % angegeben (n = 24). Die Komplikation wird jedoch bei dieser Methode sofort erkannt und kann meist exspektativ behandelt werden. Im Gegensatz dazu bietet die Laparoskopie eine niedrigere Rate an Darmkomplikationen, die aber meist nicht erkannt werden und deshalb eine hohe Morbidität nach sich ziehen.

Mini-(Mikro-)Laparoskopie

Als weitere Neuerung in der Endoskopie ist – ebenfalls durch die Weiterentwicklung der Optiken – die Mini- oder Mikro-Laparoskopie zu nennen. Hier wird – wie bei der herkömmlichen 10-mm-Laparoskopie – der Trokar subumbilikal eingebracht. Jedoch ist die Optik nur 2 mm dick. Diese Miniinzision erlaubt es auch, die diagnostische Laparoskopie unter Lokalanästhesie ggf. mit zeitgleicher Sedierung durchzuführen.

In der Literatur wird der Wert der diagnostischen Information als mit der 10-mm-Optik vergleichbar angegeben. Die Methode ist wie das Verfahren der THL im ambulanten Bereich anzusiedeln, die Patientin kann binnen 1–2 Tagen nach Hause entlassen werden.

Es häufen sich vermehrt Berichte, dass im Rahmen der Methode sogar therapeutische Eingriffe wie Endometriosekoagulation und Adhäsiolyse, sogar die Thermoablation bei PCO-Patientinnen ohne Generalanästhesie, toleriert werden.

In den USA wird diese Methode bereits bei der Sterilitätsdiagnostik in den meisten Zentren gegenüber der herkömmlichen Chromolaparoskopie bevorzugt.

Gynäkologie und Geburtshilfe. München, Sympomed, 2002, vol 2, pp 86–89.

Neue Trends in der konservativen und operativen Therapie der Endometriose

R. Gätje

Universitäts-Frauenklinik, Frankfurt/M., BRD

Die verschiedenen etablierten Therapiekonzepte (Gestagene, Östrogen-/Gestagenkombinationen, Danazol, GnRHa und GnRHa mit »Add-back-Therapie«) zur medikamentösen Behandlung der Endometriose zeigen in ihrer Wirksamkeit kaum Unterschiede [1]. Dagegen weisen die Nebenwirkungsprofile erhebliche Differenzen auf. Seit der Einführung der Kombination von GnRH-Analoga und einer niedrig dosierten Östrogen-/Gestagentherapie Anfang der 90er Jahre hat sich keine neue medikamentöse Therapieform etablieren können. Die reinen GnRH-Antagonisten haben gegenüber den Agonisten den Vorteil, dass der Flare-up-Effekt entfällt. Ob bei der mehrmonatigen GnRH-Behandlung im Falle der Endometriose dieser Effekt der ersten Therapietage aber relevante Bedeutung hat, ist fraglich. Publizierte klinische Daten über eine Endometriosebehandlung mit GnRH-Antagonisten liegen aber nicht vor.

Durch die GnRH-Agonisten und »Add-back-Therapie« werden bei gleicher Wirkung auf die Endometriose die Nebenwirkungen reduziert. In Anlehnung an die Formulierung »add-back« haben *Tahara* et al. [2] ihre Untersuchung mit reduzierter GnRH-Dosis »draw back« genannt. Nach initial üblicher Dosierung von 0,4 mg wurde Nafarelin nach 4 Wochen auf 0,2 mg reduziert. Bei kleiner Fallzahl zeigte die »Low-dose«-GnRH-Analogatherapie die gleiche Besserung der Symptomatik bei reduzierten Nebenwirkungen. Die reduzierten Nebenwirkungen gehen höhere Östradiolserumspiegel einher. Damit wäre die »Draw-back«-Therapie vergleichbar mit der Add-back-Therapie. Allerdings fehlen noch Studien an größeren Kollektiven, bevor eine solche »Draw-back«-Therapie in der Praxis eingesetzt werden kann.

Durch Einlage eines Gestagen-haltigen Intrauterinpessars wird in einem hohen Prozentsatz eine Amenorrhoe erreicht. Bei Endometriosepatientinnen kann durch ein solches IUD eine Besserung der Symptomatik erreicht werden [3]. In der Literatur gibt es einige Hinweise, dass auf das ektope Endometrium als Folge der Aktivierung der Aromataseexpression erhöhte Östradiolkonzentrationen einwirken [4]. In einem Fallbericht wurde über die erfolgreiche Behandlung der Endometrioseerkrankung einer postmenopausalen Patientin mit Anastrozol berichtet [5]. Die Aromatasehemmer und die modernen Antiöstrogene könnten in der Zukunft eine Ergänzung zu den bisher etablierten medikamentösen Therapien darstellen.

Zur operativen Therapie der Endometriose gibt es nur wenige kontrollierte Untersuchungen, wenig aktuelle und neue Erkenntnisse oder viel versprechende neue Methoden. Es kann als gesichert angesehen werden, dass Patientinnen mit einer ausgeprägten Endometriose von der operativen Therapie profitieren. Ob die Läsionen exzidiert, koaguliert, mit Laser therapiert werden etc., hat nach der Literatur keinen Einfluss auf den Therapieerfolg. Eine Ausnahme bilden die Endometriosezysten, bei denen die vollständige Exzision eine geringere Rezidivrate aufweist, verglichen mit der Fensterung und Wandkoagulation/Laserung [6, 7]. Ob Patientinnen mit einer minimalen oder milden Endometriose von der operativen Entfernung der Läsionen Vorteile haben, ist dagegen bisher nicht belegt. Sinnvoll scheint dagegen die medikamentöse Nachbehandlung zu sein.

In einer neueren Untersuchung beschäftigen sich *Fedele* et al. [8] mit der Endometriose im Spatium rectovaginale und der Blase. Sie fanden frühe Rezidive der Endometriose dieser Lokalisationen nach medikamentöser Therapie und empfehlen in diesen Fällen die operative Therapie. Im Gegensatz zu dieser Aussage steht die Veröffentlichung der gleichen Autoren aus dem Jahr 2001 über die erfolgreiche Therapie einer rektovaginalen Endometriose mit einer Gestagenspirale [9].

Bei der Behandlung einer Endometriosepatientin spielt Kinderwunsch eine entscheidende Rolle. Bei mäßiger/schwerer Endometriose profitieren die Patientinnen mit Kinderwunsch von einer operativen Wiederherstellung der normalen Anatomie. Dagegen ist bei der minimalen und milden Endometriose ein positiver Effekt der operativen Entfernung der Endometriose auf die Fertilität nicht belegt. Die beiden vorliegenden Studien [10, 11] ergaben widersprüchliche Ergebnisse (Tab. 1).

Als Kritikpunkt zur kanadischen Studie ist anzumerken, dass die Schwangerschaftsrate in der Kontrollgruppe ungewöhnlich niedrig liegt. In der Regel liegen die Schwangerschaftsraten in den Kontrollgruppen in Endometriosetherapiestudien etwa bei 20–25 %.

Die medikamentöse Therapie der Endometriose hat nach den bekannten Daten keinen Einfluss auf die Endometriose-assoziierte Sterilität. Zudem er-

Tabelle 1. Operative Therapie der minimalen und milden Endometriose. Schwangerschaftsraten ohne Therapie und nach Entfernung der Endometrioseläsionen

	Fallzahl/Dauer	Studienart	Keine Therapie	Resektion
Marcoux et al. 1997	n = 341 36 Wochen	prospektiv-randomisiert	18 %	31 %
Ital. Endometriose-gruppe 1999	n = 101 12 Monate	prospektiv-randomisiert	24 %	29 % n. s.

leben bis zu 50 % der Endometriosepatientinnen eine spontane Konzeption, und eine medikamentöse Behandlung verzögert die Möglichkeiten einer Konzeption. In der IVF-Behandlung scheinen Endometriosepatientinnen von einer Suppression mit GnRh-Analoga zu profitieren. Daher sollte bei Endometriosepatientinnen mit Kinderwunsch eher rasch eine Sterilitätsbehandlung anstatt eine medikamentöse Endometriosetherapie durchgeführt werden.

Endometriosepatientinnen sind in vielen Fällen Patientinnen mit chronischen Schmerzen. Daher darf neben der auf die Beseitigung der Endometrioseläsionen ausgerichteten Therapien die symptomatische Therapie der Schmerzen in Vergessenheit geraten. In der angloamerikanischen Literatur wird sogar empfohlen, bei dem Verdacht auf eine Endometriose oder laparoskopische Sicherung der Diagnose mit einer symptomatischen Therapie mit nichtsteroidalen Antiphlogistika oder einem oralen Kontrazeptivum zu beginnen, wenn kein Kinderwunsch vorliegt [12].

Literatur

1 Farquhar C, Sutton C: The evidence for the management of endometriosis. Curr Opin Obstet Gynecol 1998;10:321–332.

2 Tahara M, Matsuioka T, Yokoi T, Tasaka K, Kurachi H, Murata Y: Treatment of endometriosis with a decreasing dosage of a gonadotropin-releasing hormone agonist (nafarelin): a pilot study with low-dose agonist therapy (»draw-back« therapy). Fertil Steril 2000;73: 799–804.

3 Vercellini P, Aimi G, Panazza S, De Giorgi O, Pesole A, Crosignani PG: A levonorgestrel-releasing intrauterine system for the treatment of dysmenorrhea associated with endometriosis: a pilot study. Fertil Steril 1999;72:505–508.

4 Zeitoun KM, Bulun SE: Aromatase: a key molecule in the pathophysiology of endometriosis and a therapeutic target. Fertil Steril 1999;72:961–969.

5 Takayama K, Zeitoun K, Gunby RT, Sasano H, Carr BR, Bulun SE: Treatment of severe postmenopausal endometriosis with an aromatase inhibitor. Fertil Steril 1998;69:709–713.
6 Beretta P, Franchi M, Ghezzi F, Busacca M, Zupi E, Bolis P: Randomized clinical trial of two laparoscopic treatments of endometriomas: cystectomy versus drainage and coagulation. Fertil Steril 1998;70:1176–1180.
7 Saleh A, Tulandi T: Reoperation after laparoscopic treatment of ovarian endometriomas by excision und by fenestration. Fertil Steril 1999;72:322–324.
8 Fedele L, Bianchi S, Zansonato G, Protuese A, Raffaelli R: Gonadotropin-releasing hormone agonist treatment for endometriosis of the rectovaginal septum. Am J Obstet Gynecol 2000; 183:1462–1467.
9 Fedele L, Bianchi S, Zansonato G, Protuese A, Raffaelli R: Use of a levonorgestrel-releasing intrauterine device in the treatment of rectovaginal endometriosis. Fertil Steril 2001; 75: 485–488.
10 Marcoux S, Maheux R, Berube S, Canadian Collaborative Group on Endometriosis: Laparoscopic surgery in infertile women with minimal and mild endometriosis. New Engl J Med 1997;337:217–222.
11 Gruppo Italiano per lo Studio dell'Endometriosi: Ablation of lesions or no treatment in minimal-mild endometriosis in infertile women: a randomized trial. Hum Reprod 1999;14: 1332–1334.
12 Olive DL, Pritts EA: Treatment of endometriosis. New Engl J Med 2001;345:266–275.

Gynäkologie und Geburtshilfe. München, Sympomed, 2002, vol 2, pp 90–92.

Aktuelle Entwicklungen in der gynäkologischen Onkologie: Zervixkarzinom

J.-U. Blohmer

Universitäts-Frauenklinik, Charité, Campus Virchow-Klinikum, Berlin, BRD

Das invasive Zervixkarzinom ist die fünfthäufigste Krebserkrankung weltweit und die zweithäufigste tumorbedingte Todesursache der Frau. In Deutschland werden pro Jahr ca. 7 000 Neuerkrankungen registriert. Seit der Einführung des Zervixscreenings konnte durch frühzeitige Diagnose das Risiko, an einem Zervixkarzinom zu sterben, um etwa 70 % in den Industrienationen reduziert werden, ohne jedoch die stadienbezogene Prognose zu verbessern. In den letzten Jahren wurden seit langem gestellte Fragen zur Behandlung des Zervixkarzinoms mit Hilfe der Ergebnisse prospektiv randomisierter Studien beantwortet.

1. Bestrahlung oder Operation bei operablen Zervixkarzinomen?
2. Werden durch eine adjuvante Strahlentherapie die Ergebnisse der radikalen Hysterektomie hinsichtlich des DFS verbessert?
3. Werden mit einer radikalen Operation (Piver III) bessere Ergebnisse hinsichtlich des DFS erzielt als mit einer eingeschränkt radikalen Operation (Piver II)?
4. Verbessert die Hinzunahme einer Chemotherapie die bisherige Behandlung des Zervixkarzinoms, bestehend aus Operation +/– Bestrahlung hinsichtlich des DFS und des Gesamtüberlebens (OS)?
5. Verbessert der adjuvante, therapeutische Einsatz des Erythropoetins die Ergebnisse der Behandlung des Zervixkarzinoms hinsichtlich des DFS und der Lebensqualität?
6. Welche Rolle spielt die neoadjuvante Chemotherapie heute?
7. Sind neue operative Techniken (Laparoskopie) besser als die konventionellen?

Invasives Zervixkarzinom 2002

1. Verringerung der therapiebedingten Morbidität bei Low-risk-Patientinnen durch: optimierte Diagnostik, Laparoskopie, nervenschonende OP
2. Verbesserung des DFS und OS der High-risk-Patientinnen durch: simultane, platinhaltige Radio-Chemotherapie (EPO, Hyperthermie, neue Substanzen, Angiogenese, EGFR AK)

Zu 1. Die Ergebnisse der Strahlentherapie sind bei gleichem FIGO-Stadium gleich denen der Operation (*Landoni* et al., Lancet 1997). Zu berücksichtigen ist, dass ca. 50 % der operierten Patientinnen adjuvant außerdem eine Strahlentherapie erhielten. Diese Subgruppe profitierte von dieser kombinierten Therapie im Vergleich zu alleiniger Bestrahlung.

Zu 2. Die adjuvante Strahlentherapie bei High-risk-Patientinnen (Stromainvasion von > 1/3, L1, Tumor > 4 cm) verlängert deren DFS und erhöht die Rate der Strahlentoxizität Grad 3–4 von ca. 2 % auf ca. 6 % (*Sedlis* et al., Gynecol Oncol 1998).

Zu 3. In der Arbeit von *Landoni* et al. (Gynecol Oncol 2001) wurde der weniger radikale Piver II mit dem radikalen Piver III (entspricht der Operation nach Wertheim-Meigs) in einer prospektiven randomisierten Studie verglichen. Die Ergebnisse beider Operationen sind vergleichbar. Das DFS hängt nicht von der Radikalität der Operation als vielmehr von dem Tumorstadium (Tumorgröße < oder > 4 cm) ab. Auch hier wurden in jeder Gruppe ca. 50 % der Patientinnen bestrahlt.

Zu 4. Die Patientinnen mit einem Zervixkarzinom der Stadien Ib2 bis IVa haben ein signifikant längeres DFS und z. T. auch OS, wenn sie zusätzlich zur Strahlentherapie simultan eine Cisplatin-haltige Chemotherapie erhielten, ob neoadjuvant, adjuvant oder palliativ (*Peters* et al., JCO 2000; *Keys* et al., *Whitney* et al., *Rose* et al., *Morris* et al., NEJM 1999).

Zu 5. Die Hinzunahme der Erythropoetins zur adjuvanten Chemo-Radiotherapie hat die Lebensqualität (schnellere Erholung von den Folgen der Chemotherapie) der Patientinnen verbessert und in der Tendenz die Rezidivrate gesenkt (*Blohmer* et al., Proc ASCO 2001).

Zu 6. Nach der Publikation von *Chang* et al. (JCO 2000) schien die neoadjuvante Chemotherapie praktisch keine Rolle mehr zu spielen, waren doch die Behandlungsergebnisse der multimodalen Therapie, bestehend aus neoadjuvanter Chemotherapie, Operation und adjuvanter Strahlentherapie, nicht besser als die der reinen Strahlentherapie bei Patientinnen mit einem Zervixkarzinom der Stadien IB–IIA und Tumoren größer als 4 cm. Doch seit dem Erscheinen der Publikation von *Benedetti-Panici* et al. im JCO 2002, dessen Studie eine größere Anzahl von Patientinnen in kürzerer Rekrutierungszeit analysiert hat als *Chang* et al., ist die neoadjuvante Chemotherapie bei Patientinnen mit einem großen, aber primär operablen Zervixkarzinom wieder eine Behandlungsoption.

Zu 7. Die laparoskopische, invasive Lymphknoten-Diagnostik ist besser als die Beurteilung der Lymphknoten mit den bildgebenden Verfahren (höhere Sensitivität und Spezifität; *Possover* et al., Am J Obstet Gynecol 1998). Der Vergleich dieser Methode, kombiniert mit der vaginalen radikalen Hysterektomie mit der offenen Lymphonodektomie, kombiniert mit der abdominalen radikalen Hysterektomie durch eine prospektive randomisierte Studie hinsichtlich des DFS, steht bisher aus.

Literatur beim Verfasser

Gynäkologie und Geburtshilfe. München, Sympomed, 2002, vol 2, pp 93–95.

Aktuelle Entwicklungen in der gynäkologischen Onkologie: Endometriumkarzinom

J. Dietl

Universitäts-Frauenklinik, Würzburg, BRD

Einleitung

Das Endometriumkarzinom ist inzwischen die häufigste Karzinomerkrankung des weiblichen Genitale. Zirka 90 % dieser Karzinome werden in einem Stadium entdeckt, das auf die Gebärmutter beschränkt ist. Eine wesentliche Verbesserung der schon guten Überlebenszeiten konnten in den letzten 25 Jahren nicht erzielt werden.

Man unterscheidet aufgrund des chirurgischen Stagings 3 Kategorien:
- niedriges Risiko (Stadium Ia/b, Differenzierungsgrad ½)
- mittleres Risiko (Stadium I, Differenzierungsgrad 3, Stadium Ic und II)
- hohes Risiko (Stadium III)

Die Rezidivraten für Tumoren mit niedrigem Risiko sind etwa 5 %, für das mittlere Risiko etwa 10 % und für die Tumoren mit hohem Risiko zwischen 20 und 40 %.

Diagnose

Das Endometriumkarzinom entwickelt sich selten vor der Menopause, und da es fast immer abnormale vaginale Blutungen verursacht, kann es in einem relativ frühen Stadium diagnostiziert werden. Die Hysteroskopie erlaubt zwar die visuelle Inspektion des Cavum uteri, wobei Polypen und submuköse Myome entdeckt werden können, aber für die Identifizierung eines Endometriumkarzinoms ist die Hysteroskopie nach wie vor in der Diskussion. Es werden immer wieder Berichte über eine Verschleppung von Karzinomzellen in den Tuben bzw. in das Peritoneum veröffentlicht. Auch die Vaginal-Sonographie ist in ihrer Aussagekraft bezüglich der Diagnose eines Endometriumkarzinoms umstritten. Nach wie vor wird die Diagnose durch die fraktionierte Abrasio empfohlen.

Therapie

Die Therapie der Wahl beim Endometriumkarzinom ist die Operation, dies trifft für über 90 % der Frauen mit dieser Erkrankung zu. Dabei wird eine abdominale Hysterektomie mit Adnexektomie bds. im Stadium I durchgeführt. Empfehlenswert ist, das Operationspräparat intraoperativ aufzuschneiden und die myometrane Infiltrationstiefe mittels Schnellschnittdiagnose zu bestimmen. Ist das Myometrium nur bis zur Hälfte infiltriert, so kann im Allgemeinen auf eine Lymphonodektomie verzichtet werden. Geht die Infiltration des Karzinoms über die Hälfte des Myometriums hinaus, so kann man eine pelvine und eventuell paraaortale Lymphonodektomie anschließen. Im Stadium II, das klinisch verifiziert wurde, wird die radikale Hysterektomie mit Adnexektomie bds. und Lymphonodektomie empfohlen. Die Ausdehnung der Operation richtet sich selbstverständlich individuell an jeder Patientin aus. Da im Einzelfall mit einer erheblichen Begleitmorbidität zu rechnen ist, kann das entsprechende operative Vorgehen nicht pauschal für alle Patientinnen mit einem Endometriumkarzinom empfohlen werden.

Die postoperative Nachbehandlung richtet sich in erster Linie nach dem Lymphknotenbefall. Im Stadium Ia erfolgt keinerlei Nachbehandlung. Im Stadium Ib, Ic und II sollte auf jeden Fall zur Verhinderung eines vaginalen Rezidivs eine Brachytherapie der Vagina mit 3× 7 Gy erfolgen. Sind Lymphknoten positiv, kann mit Hilfe einer perkutanen Radiatio eventuell eine Verbesserung der Überlebenszeit erreicht werden, bei negativen Lymphknoten ist keine perkutane Radiatio erforderlich. Ist eine Operation nicht durchführbar, so kann alternativ eine lokale Bestrahlung mit einer intrauterinen Applikation von 6× 8 Gy verabreicht werden. Allerdings ist zu bedenken, dass auch hier die Patientin mehrfach narkotisiert werden muss. Bei einem ausgedehnten Befund (Stadium III) ist eine perkutane Radiatio zu erwägen.

Bisher ist nicht erwiesen, ob eine Chemotherapie bzw. Hormontherapie die Überlebenszeit von Patientinnen mit einem fortgeschrittenen Endometriumkarzinom verbessert.

Abschließende Beurteilung

Für das Endometriumkarzinom sind folgende diagnostische bzw. therapeutische Maßnahmen unbestritten: Abrasio, Hysterektomie und Adnexektomie bds., Lymphonodektomie ab Stadium Ic, radikale Hysterektomie im Stadium II und intravaginale Brachytherapie ab Stadium Ib.

Umstritten sind folgende Maßnahmen: Vaginalsonographie, Hysteroskopie, Peritoneal-Zytologie, perkutane Radiatio (im Stadium Ic–IIb) und adjuvante Hormon-/Chemotherapie (Stadium III).

Literatur beim Verfasser

Gynäkologie und Geburtshilfe. München, Sympomed, 2002, vol 2, pp 96–98.

Aktuelle Entwicklungen in der Therapie des Ovarialkarzinoms

A. du Bois

Klinik für Gynäkologie & Gynäkologische Onkologie, Wiesbaden, BRD

In den 90er Jahren wurde der neue Standard in der Behandlung des fortgeschrittenen Ovarialkarzinoms durch zwei groß angelegte, prospektiv randomisierte Studien definiert. Das amerikanische GOG-Protokoll # 111 und eine europäisch-kanadische Intergroup Studie zeigten die Überlegenheit von Cisplatin-Paclitaxel im Vergleich zum früheren Standard Cisplatin-Cyclophosphamid (PC). Das deutsche AGO-Protokoll OVAR-3 (Rekrutierung 1995–97) sowie das GOG-Protokoll # 158 verglichen die Kombinationen Carboplatin-Paclitaxel (TC) vs. Cisplatin-Paclitaxel (PT). Beide Studien zeigten gleiche Effektivität, aber eine bessere Verträglichkeit der Carboplatin-Kombination. Zusätzlich konnte die AGO-Studie eine signifikant bessere Lebensqualität für TC im Vergleich mit PT demonstrieren. Somit wurde TC als die neue Standardtherapie akzeptiert und in die deutschen Richtlinien zur Behandlung des fortgeschrittenen Ovarialkarzinoms aufgenommen (Deutsche Krebsgesellschaft 2000).

Seit 1997 wurden mehrere randomisierte Studien zur Evaluierung von Strategien zur Verbesserung des Standard-Platin-Paclitaxel-Regimes initiiert. Unter anderem stellt die Addition einer dritten, nicht kreuzresistenten Substanz eine dieser Optionen zur Verbesserung der Primärtherapie des fortgeschrittenen Ovarialkarzinoms dar. Die derzeit untersuchten Dreierkombinationen beinhalten Anthrazykline (wie Epirubicin oder Doxil), Alkylanzien oder Gemcitabine als jeweils dritte Substanz. Des Weiteren werden sequentielle Regime mit Gemcitabine oder Topotecan als dritte Substanz untersucht.

Die deutsch-französische AGO-GINECO Intergroup Phase III Studie OVAR-5 (Rekrutierung 1997–99) war die Erste einer Reihe von Studien, die die Rolle von Anthrazyklinen als dritten Wirkstoff untersuchte. Wir verglichen TC (Carboplatin AUC 5 + Paclitaxel 175 mg/m^2 3 h iv., 6 Zyklen, q21 Tage) mit der Dreierkombination Epirubicin 60 mg/m^2 plus TC (gleiche Dosis und Schema) bei mehr als 1200 Patienten mit Ovarialkarzinom FIGO Stadien IIB–IV. Die Patienten wurden nach Zentrum, FIGO Stadien IIB-IIIC und Resttumor 0–10 mm (Stratum 1) vs. FIGO Stadium IV oder Resttumor > 10 mm (Stratum 2) stratifiziert. Die erste Interimsanalyse wurde anlässlich des ASCO 2001 vorgestellt. Beide Therapien konnten bei der breiten Mehrheit der Patienten wie geplant verabreicht werden, jedoch induzierte die Dreier-Kombination (TEC) signifikant häufiger Myelosuppression und Emesis/Nausea. Das Ansprechen im TEC-Arm war etwas höher (OR 77,4 % vs. 68,8 %, nicht signifikant). Beim progressionsfreien Überleben in Stratum 2 gab es keine Unterschiede zwischen TC und TEC. Bei Patienten in Stratum 1 zeigten die Kaplan-Meier-Kurven einen Trend zugunsten von TEC im Vergleich zu TC. Allerdings haben in diesem Stratum erst weniger als 50 % der Patienten eine Progression, und somit sind die Daten noch zu »unreif«, um sie zu interpretieren. Die Analyse des Gesamtüberlebens steht noch aus und wird für 2002/3 erwartet. Weitere Daten zur Rolle von Anthrazyklinen als dritte Substanz werden von einer europäisch-kanadischen Konfirmationsstudie erwartet (TEC vs. TC), deren Rekrutierung 2001 beendet wurde, sowie dem GOG-Protokoll # 182, das das Anthrazyklin Doxil evaluiert.

Seit 1999 rekrutiert das AGO-GINECO-Protokoll OVAR-7 Patientinnen, bei deren Therapie die Rolle von Topotecan als dritte Substanz untersucht wird. Die Rekrutierung für diese Studie wird Anfang 2002 beendet sein. Eine Interimsanalyse liegt bisher noch nicht vor. OVAR-7 vergleicht TC (gleiche Dosis und Schema wie OVAR-5) vs. TC gefolgt von 4 Zyklen Topotecan 1,25 mg/m^2 iv d1–5 q21 Tage. Die Patientengruppe erfüllt die gleichen Einschluss- und Stratifikationskriterien wie in den Protokollen OVAR-3 und OVAR-5. Diese Studie wird zusammen mit dem GOG-Protokoll # 182 und der geplanten kanadisch-europäischen Intergroup Studie (beide evaluieren die Kombination Platin-Topotecan) Informationen zur Rolle von Topotecan als dritter Substanz liefern.

Die Nachfolgestudie OVAR-9 wird Anfang 2002 als Intergroup-Studie der AGO-GINECO-NSGO (Nordic Society of Gynecologic Oncology) starten. In dieser Studie wird der Standard TC mit der Dreierkombination TC plus Gemcitabine in der Primärtherapie des Ovarialkarzinoms verglichen. Die Rekrutierungszeit dieser Studie ist bis 2003 geplant, und Ergebnisse zur Rolle von Gemcitabine als dritte Substanz werden frühestens 2005 vorliegen, zusammen mit den Ergebnissen aus dem GOG-Protokoll # 182, das Gemcitabine sowohl in der Dreierkombination als auch als sequentielle Zweierkombination evaluiert.

Neben diesen großen Phase-III-Protokollen, welche die Integration einer nicht kreuzresistenten Substanz in die platin-taxanhaltige Primärtherapie evaluieren, werden durch die AGO-Studiengruppe Ovarialkarzinom und anderen internationalen Gruppen weitere Behandlungsmodalitäten zur Optimierung der Primärtherapie evaluiert: z. B. Modifikation der Sequenz Operation – Chemotherapie (so genannte neoadjuvante Chemotherapie), Modifikation der Dosisintensität (Hochdosis-Chemotherapie Intergroup-Studie mit der AIO), Immuntherapien (z. B. AGO Phase-I/II-Studie mit bispezifischen Anti-idiotype CA 125 Antikörpern), und Evaluierung von Substanzen zur Modifikation der Signaltransduktion (AGO Phase-I/II-Studie mit Tyrosinkinaseinhibitoren). Durch die in den letzten Jahren rasche Entwicklung einer ganzen Reihe von neuen Therapieoptionen einerseits, und dem Aufbau funktionierender Studiengruppen und Infrastrukturen andererseits ist die Entwicklung der Therapien beim Ovarialkarzinom nicht nur »spannend«, sondern vor allem auch wesentlich effektiver geworden. Die kooperativen Studiengruppen – in Deutschland getragen von einem großen Engagement und Kooperationswillen von mehr als 200 Kliniken – können hierzu substantiell beitragen.

Take-Home-Message für das Ovarialkarzinom

- Die Therapie entwickelt sich sehr dynamisch
- Fortschritt wird nur durch systematische, kooperative Studien erreicht
- Alle Kliniken können (und sollten) sich an zertifizierten Studien beteiligen
- www.AGO-OVAR.de oder www.studien.de

Gynäkologie und Geburtshilfe. München, Sympomed, 2002, vol 2, pp 99–103.

Mammakarzinom: im Blickpunkt 2002

M. Kaufmann, G. von Minckwitz

Universitäts-Frauenklinik, Frankfurt/M., BRD

Einleitung

Brustkrebs ist heute die häufigste Krebserkrankung der Frau in Deutschland. Mehr als 50000 neue Erkrankungen werden pro Jahr festgestellt, somit erleidet ca. jede zehnte Frau im Laufe ihres Lebens diese Erkrankung. Ca. 19000 Patientinnen versterben jährlich an Brustkrebs. Es stellt somit die häufigste Todesursache der Frau zwischen 35 und 60 Jahren dar. Dennoch ist Brustkrebs heilbar, wenn er früh erkannt und richtig behandelt wird. Die brusterhaltende Operation ist als die beste »Brustrekonstruktion« anzusehen. Eine postoperative (adjuvante) und präoperative (primäre) medikamentöse Therapie verbessert deutlich die Prognose.

Früherkennung/Screening

Aufgrund 7 großer internationaler Studien zur Brustkrebsfrüherkennung kann es als bewiesen angesehen werden, dass auf diese Art die Mortalität an Brustkrebs effektiv gesenkt werden kann. Die kürzlich veröffentlichte Cochrane-Analyse weist erhebliche Mängel auf, so dass sie die derzeitige Vorgehensweise nicht beeinflussen sollte. So wurde der Großteil der Studien ungerechtfertigt aufgrund kleinerer methodischer Defizite von der Analyse ausgeschlossen. Bei Frauen zwischen 40 und 50 kann ein Mammographiescreening zu einer verringerten Mortalität führen und sollte deshalb mit der Ratsuchenden diskutiert werden. Voraussetzung ist jedoch, dass das Mammographiescreening entsprechend den europäischen Qualitätsrichtlinien durchgeführt wird. Eine Erweiterung der Mammographie-Früherkennung durch die Tastuntersuchung erscheint wünschenswert. In Deutschland kann ein Früherkennungsprogramm nur in Kooperation von Frauenärzten und Radiologen durchgeführt werden. Internationale Vorgehensweisen sind deshalb auf das deutsche System zu adaptieren.

Awareness-Programme-Politik

Derzeit existieren in Deutschland eine Vielzahl kleinerer Projekte, um die Brusterkrankungen in der Bevölkerung bewusst zu machen. Diese bedürfen dringend einer Bündelung und Koordinierung. Die »Aktion Bewusstsein für Brustkrebs« stellt hier eine Möglichkeit dar. Sie ist Mitglied in der »Koalition Früherkennung Brustkrebs«, der Deutschen Krebsgesellschaft und der World Breast Health Society. Ziele dieser Einrichtungen sind zu informieren, Angst zu nehmen und die Früherkennung zu fördern. Hierbei darf Brustkrebs nicht als alleiniges Problem der Frau angesehen werden, sondern es müssen alle sozialen und kulturellen Komponenten mit einbezogen werden.

Postoperative (adjuvante systemische) Therapie

Entsprechend der Metaanalyse der EBCTCG kann heute definitiv von einer Wirksamkeit der adjuvanten systemischen Therapie ausgegangen werden. Sie verringert signifikant die 10- bzw. 15-Jahres-Mortalität von Brustkrebspatientinnen. Abgesicherte therapeutische Möglichkeiten bestehen in der Gabe von 6 Zyklen CMF, 4 bis 6 Zyklen AC oder EC, 5 Jahren Tamoxifen oder einer zweijährigen Gabe von GnRH-Analoga ggf. in Kombination mit Tamoxifen. CMF und Tamoxifen werden als »good enough, but too old« angesehen. Wichtigster, die Therapiewahl beeinflussender Faktor ist die immunhistochemisch zu bestimmende Hormonempfindlichkeit der Erkrankung. Bei prämenopausalen, Rezeptor-positiven Patientinnen konnte kürzlich gezeigt werden, dass die Gabe von Goselerin gleichwertig zu 6 Zyklen CMF zu sehen sind. Die Ergebnisse dieser ZEBRA-Studie belegen zusammen mit weiteren internationalen Studien den heutigen Stellenwert der medikamentösen Ovarialsuppression. Erste Ergebnisse liegen jetzt auch zum Einsatz eines Aromatasehemmers der dritten Generation vor. Die ATAC-Studie zeigte, dass durch eine Anastrozol-Gabe das krankheitsfreie Überleben im Vergleich zu Tamoxifen oder einer Kombination beider Substanzen verbessert werden kann. Insbesondere kann auch das Auftreten kontralateraler Karzinome verringert werden.

Ebenfalls konnte in Metaanalysen die Effektivität einer postoperativen adjuvanten Strahlentherapie belegt werden. Heute gilt die Bestrahlung der Restbrust nach brusterhaltender Operation als obligat. Vor allem bei jungen Frauen ist eine Boost-Bestrahlung des Tumorbettes sinnvoll. Ebenso sollte nach einer Brustabnahme eine Bestrahlung der Thoraxwand und ggf. der Lymphabflusswege erfolgen, wenn die Tumorgröße >5 cm oder mehr als drei Lymphknoten der Axilla befallen sind. Durch die adjuvante Bestrahlung kann das Lokalrezidivrisiko um zwei Drittel reduziert werden. Vor allem bei suboptimaler Operation oder systemischer Therapie kann sich hierdurch ein Überlebensvorteil ableiten. Neue Ansätze betreffen vor allem die intraoperative Verabreichung der Strahlentherapie, wodurch sowohl Nebenwirkungen als auch die Bestrahlungsdauer reduziert werden können.

Präoperative (primäre) systemische Therapie

In mehreren Studien konnte gezeigt werden, dass das rezidivfreie und Gesamtüberleben bei einer postoperativen und einer präoperativen Verabreichung einer Chemotherapie identisch ist. Während die Dosierung der Medikamente identisch zur postoperativen Therapie einzusetzen ist, bleibt die optimale Zeitdauer einer präoperativen Chemotherapie noch unklar. Eine Hormontherapie ist nur in Ausnahmen sinnvoll, vor allem dann, wenn der Allgemeinzustand die therapeutischen Optionen einschränkt. Aufgrund des häufig nicht ertastbaren Primärtumors ist die Operation technisch schwieriger. Die Rate von Zweiteingriffen ist gegenüber den konventionellen Vorgehen erhöht. Brustrezidive treten die ersten drei Jahre nach einer präoperativen Chemotherapie tendenziell etwas häufiger auf. Im weiteren Verlauf ist das Risiko jedoch identisch zur postoperativen Therapie. Durch die präoperative systemische Therapie kann die Rate brusterhaltender Operationen signifikant gesteigert werden.

Der größte Vorteil der primären systemischen Therapie liegt jedoch in dem In-vivo-Chemosensibilitätstest. Patienten, die eine histologische komplette Remission des Primärtumors erfahren, können mit einer Heilung rechnen. Während mit dem CMF- oder EC-Schema histologische Komplettremission nur in 3 bis 6 Prozent erzielt werden konnten, besteht heute die Möglichkeit, durch eine Anthracyclin-Taxan-Kombination oder Sequenz Remissionsraten von 10 bis 19 Prozent zu erzielen. Neuerdings wird versucht, Konsequenzen aus den Ansprechen der präoperativen Chemotherapie zu ziehen. In der GeparTrio-Pilotstudie werden Patientinnen zuerst mit zwei Zyklen einer TAC-Chemotherapie behandelt. Lässt sich dann eine Remission des Tumors feststellen, wird die Chemotherapie für vier weitere Zyklen durchgeführt. Wenn jedoch keine Rückbildung der Tumorfläche um mehr als 50 Prozent verzeichnet werden kann, werden die Patientinnen entweder zu weiteren 4 Zyklen TAC oder zu 4 Zyklen einer Kombination von Vinorelbine und Capecetabine randomisiert. Ziel ist es, durch dieses Salvage-Schema die Rate histologischer Komplettremission zu erhöhen. Die Vorteile der primären Chemotherapien, aus Sicht der Patientinnen, liegen in einer höheren Akzeptanz. Die Bereitschaft zur Durchführung einer Chemotherapie ist höher vor als nach einer mutilierenden Operation. Wird die Tumorrückbildung sichtbar und kann getastet werden, wirkt sich dies ebenfalls positiv auf die Compliance aus.

Palliative Therapie

Das palliative Vorgehen wird heute vor allem durch die vorhergegangene postoperative bzw. primäre systemische Therapie beeinflusst. Deshalb sind die Therapiesequenzen neu zu bestimmen. Neue Erfolge haben vor allen Dingen der Einsatz der Aromatasehemmer/-Inhibitoren, der Taxane und des Herceptin gebracht. Sowohl durch die zusätzliche Gabe von Herceptin zu Paclitaxel als auch die zusätzliche Gabe von Capecetabine zu Docetaxel konnte in prospektiv randomisierten Studien eine Überlebensverlängerung gezeigt werden. HER2-positive Patientinnen sollten deshalb heute beim Auftreten symptomatischer Metastasen eine Herceptin-Therapie erhalten. Ebenso sollte bei Patienten mit adjuvanter Anthracyclin-Vorbehandlung eine Therapiekombination von Docetaxel und Capecetabine verabreicht werden. Bei Patientinnen ohne Anthracyclin-Vorbehandlung hat sich die Kombination von Anthracyclin und Taxan als am besten wirksam gezeigt. Anschließend werden vor allem Monochemotherapien wie Capecetabine, Vinorelbine, liposomales Doxorubicin, Gemcitabine, CMF oder experimentelle Therapien empfohlen. Mehrere große Studien konnten zeigen, dass Aromatasehemmer dem Tamoxifen in der Behandlung erstmals aufgetretener Metastasen überlegen sind. Sie sollten deshalb heute als erster Therapieschritt bei postmenopausalen Patientinnen empfohlen werden. Bei prämenopausalen Patientinnen besteht der erste endokrine Therapieschritt aus einer Kombination von GnRH-Analoga und Tamoxifen.

Zielgerichtete Therapien (molecular targets)

Eine Vielzahl neuer Ansatzpunkte zur Therapie des Mammakarzinoms werden heute untersucht. Allen gemeinsam ist die Zielgerichtetheit. Als Beispiele sind Thyrosinkinaseinhibitoren, Antikörper gegen EGF-R, Angiogeneseinhibitoren, Zyklin-D1-Inhibitoren, nicht-steroidale Antirheumatika, dentritische Zellen und Immuntoxine zu nennen. Zur Erprobung dieser neuen Substanzen eignet sich insbesondere die primäre systemische Therapie. Hier besteht die Möglichkeit, sowohl vor, während als auch nach der Chemotherapie Gewebe zu gewinnen und zu untersuchen. Es können dann prädiktive Marker, Responsemarker und Resistenzmarker evaluiert werden. Mit Hilfe von DNA-Arrays können eine Vielzahl verschiedener Gene gleichzeitig untersucht und ein so genanntes Genexpressionsprofil erstellt werden. Erste Ergebnisse zeigen, dass man mit einer molekularbiologischen Klassifizierung unterschiedliche Prognosegruppen voneinander differenzieren kann.

Ausblick und Take-Home-Message

Weitere Fortschritte in der Behandlung der Brustkrebserkrankung können nur erzielt werden, wenn spezifische, zielgerichtete molekulare Therapien entwickelt werden und gleichzeitig die bekannten effektiven Medikamente in neuen Therapiekonzepten sinnvoll eingesetzt werden. Dazu ist es notwendig, an kooperativen prospektiven Therapiestudien teilzunehmen. Beispielhaft werden solche Konzepte in der Tabelle 1 aufgeführt, welche derzeit an der Universitätsfrauenklinik Frankfurt/M. durchgeführt werden. Wenn Brustkrebs in westlichen Ländern immer häufiger auftritt, müssen Strategien entwickelt werden, welche die Entstehung von Mammakarzinomen verhindern.

Tabelle 1. Studien an der Universitäts-Frauenklinik Frankfurt zur systemischen Therapie beim primären Mammakarzinom

Indikation	Studie	Therapien
Präoperativ:		
< 70 J., T > = 2 cm, incl. T4	GEPARTRIO	TAC vs TAC-NX
Postoperativ:		
N-, Rez. pos. Postmp.	ARNO	Tam vs Arimidex
N-, Rez. neg.	GABG – Cox2	Chemo +/– Celecoxib (geplant)
N+, HER 2 neg.	GABG-BOND 005	TAC vs AC-T
N-/N+, HER 2 pos.	GABG-BOND 006	AC-T vs AC-TH vs TCH
Nach Chemo, HER2, pos.	HERA	nil vs Herceptin 1 J. vs 2 J.
DCIS		
nach BET	IBIS II	Tam vs Arimidex (geplant)

Gynäkologie und Geburtshilfe. München, Sympomed, 2002, vol 2, pp 104–107.

Ist das Mammakarzinom zu verhindern? – aktuelle Präventionsstrategien

G. von Minckwitz, M. Kaufmann

Universitäts-Frauenklinik, Frankfurt/M., BRD

Einleitung

Unter Chemoprävention wird heute der Einsatz von pharmakologischen oder diätetischen Substanzen verstanden, welche die Entwicklung von normalem zu präneoplastischem Gewebe bei *malignen* Erkrankungen verhindern können. Ziel der Chemoprävention ist nicht nur die Senkung von neu aufgetretenen Krebserkrankungen (Inzidens), sondern auch die Verringerung der durch die Krebserkrankung bedingten Todesfälle (Mortalität). Es wird unterschieden zwischen Risikofaktoren und Risikodeterminanten. Die Risikofaktoren sind durch das Individuum nicht zu beeinflussen, während Risikodeterminanten durch Änderung der Lebensführung positiv verändert werden können. Zu den Risikofaktoren für das Auftreten einer Brustkrebserkrankung zählen:

- ein Alter > 60 Jahre
- ein Menarchealter jünger als 12 Jahre
- keine oder eine späte Erstgravidität
- Zustand der Mammabiopsien
- Zustand nach atypischer duktaler Hyperplasie (ADH)
- Zustand nach lobulärem Carcinoma in situ (LCIS)
- Zustand nach duktalem Carcinoma in situ (DCIS) oder
- eine familiäre Belastung

Als Risikodeterminanten mit günstiger Beeinflussung des Brustkrebsrisikos werden heute eine gemüse- und obstreiche Diät und eine hohe körperliche bzw. sportliche Aktivität angesehen.

Negative Risikodeterminanten sind die Hormonsubstitution, häufiger Verzehr von gegrilltem, dunklem Fleisch und ein vermehrter Alkoholkonsum.

Operative Präventionsmöglichkeiten

Zielgruppe für prophylaktische Operationen sind Frauen mit deutlich erhöhtem Brustkrebsrisiko. Hierzu zählen Frauen mit nachgewiesener BRCA-I- oder BRCA-II-Mutation, Verwandte ersten Grades aus Hochrisikofamilien mit negativer oder unbekannter BRCA-Testung oder einem geschätzten Lebenserkrankungsrisiko von mindestens 20 Prozent. Die Bedeutung der prophylaktischen bilateralen Mastektomie wurde methodisch am besten von einer holländischen Arbeitsgruppe untersucht (*Meijerrs-Heijboer* et al., NEJM 2001;345:159–64). Hierbei zeigte sich bei 215 Frauen mit nachgewiesener BRCA-Mutation eine Risikoreduktion durch die prophylaktische Operation um ca. 95 Prozent. In dem Beobachtungszeitraum von median 3 Jahren trat nach prophylaktischer Mastektomie bisher kein Brustkrebsereignis auf. Heute sollte die Operation in Form von einer skin-sparing Mastektomie durchgeführt werden. Es sollte hierbei die Pektoralis-Faszie, der Mamillen-Areola-Komplex und ein Sentinel Lymphknoten entfernt werden. Diese Empfehlung basiert auf Untersuchungen, nach der zirka 50 Prozent der Rezidive nach prophylaktischer kontralateraler Mastektomie in der Axilla auftreten. Die Patientin sollte ausführlich über die Möglichkeiten der Rekonstruktion aufgeklärt werden. Wir empfehlen eine Bedenkzeit von mindestens sechs Monaten.

Prophylaktische medikamentöse Maßnahmen (Chemoprävention)

Am eindrucksvollsten konnte bisher der Effekt einer 5-jährigen Tamoxifenbehandlung im Rahmen der P-I-Studie der NSABP gezeigt werden (*Fisher* et al., JNCI 1998;90:1371–88). Hierbei zeigte sich eine Senkung invasiver und nicht-invasiver Brustkrebserkrankungen um ca. 50 Prozent. Mittlerweile wurden die 288 Patientinnen, bei denen im Rahmen der Studie eine Brustkrebserkrankung aufgetreten ist, retrospektiv einer BRCA-Mutationsanalyse unterzogen. Hierbei zeigt sich tendenziell, dass bei Frauen mit BRCA-I-Mutation in der Tamoxifengruppe häufiger Karzinome auftreten (relatives Risiko 1,67), während bei Frauen mit BRCA-II-Mutation häufiger in der Plazebogruppe Karzinome aufgetreten sind (relatives Risiko 0,38). 83 Prozent der BRCA-I-Tumoren sind Östrogenrezeptor-negativ, wo hingegen nur 24 Prozent der BRCA-II-Tumoren Östrogenrezeptor-negativ sind. Mittlerweile liegen auch Ergebnisse einer längeren Nachbeobachtung der italienischen Präventionsstudie bei 5 500 hysterektomierten Frauen vor. Es zeigt sich mittlerweile eine annähernd signifikante relative Risikominderung um

0,75 durch die Gabe durch Tamoxifen ($p = 0,06$). Bei Frauen, die gleichzeitig eine Hormonersatztherapie durchgeführt haben, kann Tamoxifen signifikant das Risiko um den Faktor 0,35 senken. Somit bleibt derzeit nur die englische Studie zur Tamoxifen-Prävention negativ. In diese wurden jedoch überwiegend Frauen mit hoher familiärer Belastung eingeschlossen. Es ist denkbar, dass Tamoxifen hier aufgrund der Häufigkeit von BRCA-I-Mutationen einen gegenteiligen Effekt erzielt. In Kürze werden die Daten der IBIS-I-Studie verfügbar sein, die weitere 9000 Frauen zur Frage der Tamoxifen-Prävention untersucht hat.

In Amerika wird derzeit der STAR-Trial bei prä- oder postmenopausalen Frauen mit einem relativen Risiko > 1,6 durchgeführt. Hierbei wird eine 5-jährige Tamoxifentherapie mit einer 5-jährigen Raloxifentherapie verglichen. Bisher sind ca. 56 Prozent von 22000 Frauen aufgenommen worden.

In unserem Zentrum wird die Indikation zu einer prophylaktischen Tamoxifengabe folgendermaßen gestellt:

- Bei hohem statistischem Risiko bei BRCA-Mutation sollte erst eine BRCA-Analyse abgewartet werden.
- Bei Nachweis einer BRCA-II-Mutation ist die Gabe von Tamoxifen anzuraten.
- Bei Nachweis einer BRCA-I-Mutation ist von einer prophylaktischen Tamoxifengabe abzuraten.
- Bei geringem statistischem Risiko für eine BRCA-Mutation kann Tamoxifen empfohlen werden.
- Bei negativer BRCA-Analyse, trotz hohem Erkrankungsrisiko, kann die prophylaktische Tamoxifengabe erwogen werden.

Aktuelle Präventionsstudien

Derzeit wird bei prämenopausalen Frauen mit familiärem Risiko für ein Mammakarzinom oder nachgewiesener BRCA-Mutation eine randomisierte Pilotstudie (GISS) durchgeführt. Hierbei werden Frauen entweder einer intensivierten Früherkennung mit Mammographie, Ultraschall und MRT-Mamma zugeführt oder aber neben der intensivierten Früherkennung mit Goselerin und Ibandronat behandelt. Ziel der Studie ist die Bereitschaft der betroffenen Frauen zur Teilnahme an der Studie, ebenso wie die Akzeptanz der medikamentösen Behandlung über zwei Jahre zu bestimmen. Derzeit sind in die Studie 11 Frauen aufgenommen, bisher wird die Behandlung von allen Teilnehmerinnen gut toleriert. Die GISS-Studie ist eine von drei internationalen Pilotstudien mit vergleichbarer Fragestellung. Bei der englischen

RAZOR-Studie wird Goselerin in Kombination mit Raloxifen eingesetzt. Auch hier gestaltet sich die Aufnahme der Frauen in die Studie schwierig, die Therapie-Compliance ist jedoch ebenfalls hoch. In Deutschland nehmen 12 Kliniken an der GISS-Studie teil (Frankfurt/M., Berlin, Düsseldorf, Heidelberg, Kiel, Münster, Tübingen, Ulm, München, Erlangen, Bonn, Wiesbaden).

Noch im Jahr 2002 soll auch in Deutschland die IBIS-II-Studie begonnen werden. Hierbei sollen prämenopausale Frauen mit erhöhtem ermäßlichem und familiärem Risiko aufgenommen werden. Derzeit ist der Vergleich von Tamoxifen mit Anastrozol gegen ein Plazebo geplant. Es werden allerdings noch die Ergebnisse der IBISS-I-Studie abgewartet, um zu entscheiden, ob auf den Tamoxifen- oder den Plazebo-Arm verzichtet werden kann. Insgesamt sollten 10000 Frauen in die Studie aufgenommen werden. Interessant erscheint auch das Design der HOT-Studie (Hormonal Replacement Therapy and Low Dose Tamoxifen), die vom European Institute of Oncology in Mailand initiiert wird. Basierend auf der hohen präventiven Wirkung von Tamoxifen bei Frauen mit Hormonersatztherapie soll in dieser Studie die Hormonersatztherapie als Eingangskriterium dienen. Die Teilnehmerinnen werden entweder mit Plazebo oder mit 5 mg Tamoxifen über 5 Jahre therapiert.

Schlussbemerkung

Nach heutigem Kenntnisstand ist eine intensivierte Früherkennung zu empfehlen. Der Einsatz der Kernspintomographie ist noch nicht durch Studien abgesichert, sie wird jedoch in Deutschland empfohlen. Operative Maßnahmen sind hocheffektiv, werden aber insbesondere von jüngeren Frauen wenig akzeptiert. Bisher gibt es eine gute Evidenz für die Effektivität einer Chemoprävention; die optimalen Substanzen, das optimale Setting und die Akzeptanz sind jedoch noch ungeklärt.